中坚力量

工业4.0时代下的中层领导成长系统

应 超◎著

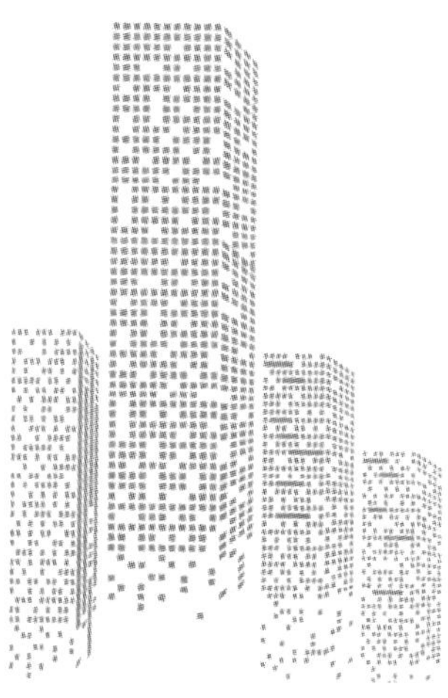

中国财富出版社

图书在版编目（CIP）数据

中坚力量：工业 4.0 时代下的中层领导成长系统 / 应超著．—北京：中国财富出版社，2019.5

ISBN 978-7-5047-6910-7

Ⅰ．①中…　Ⅱ．①应…　Ⅲ．①企业领导学　Ⅳ．① F272.91

中国版本图书馆 CIP 数据核字 (2019) 第 100838 号

策划编辑　谢晓绚　　**责任编辑**　周　畅
责任印制　梁　凡　　**责任校对**　卓闪闪　　**责任发行**　张红燕

出版发行　中国财富出版社
社　　址　北京市丰台区南四环西路 188 号 5 区 20 楼　　**邮政编码**　100070
电　　话　010-52227588 转 2098（发行部）　010-52227588 转 321（总编室）
　　　　　010-52227588 转 100（读者服务部）　010-52227588 转 305（质检部）
网　　址　http://www.cfpress.com.cn
经　　销　新华书店
印　　刷　北京兰星球彩色印刷有限公司
书　　号　ISBN 978-7-5047-6910-7/F·3057
开　　本　710mm×1000mm　1/16　　**版　　次**　2019 年 11 月第 1 版
印　　张　19　　**印　　次**　2019 年 11 月第 1 次印刷
字　　数　301 千字　　**定　　价**　69.00 元

前言

如果一个团队的高层是大脑，基层是四肢，那么中层领导就是腰。工业4.0时代，中层领导既是一位身在一线的管理者，也是企业高层政策和精神的宣传者和贯彻者。就如高飞的风筝一般，风筝能够飞多远，取决于其身上的丝线有多长，而中层领导，就是这根看似微不足道，却决定了风筝高度的丝线。

如果中层没有强大的执行力，没有很好的领导力，那么，他将没有办法带领一支优秀的队伍；中层领导是企业高层管理意识的宣贯者，更是企业发展过程中人才梯队的重要来源，中层建设好了，高层的人才储备就将无比充足，不用担心出现人才“青黄不接”的现象。

工业4.0是继机械化、自动化、信息化等工业革命之后，以智能化为典型特征的产业革命。在工业4.0时代背景下，企业的商业模式、生产模式、竞争模式、经济范式、客户关系等面临的外部环境都发生了急剧变化；而企业的组织结构、激励体系、员工关系、胜任力匹配、人员培训与晋升等内部各个方面也都迫切需要调整。在机遇与挑战并存的时代，大环境对企业的中层干部提出了新的要求。但令人遗憾的是，现在许多企业对中层的培养依旧沿用以往的体系和思路，并没有能够跟得上时代的步伐。所以，一部分中层领导，特别是那些刚刚上任的中层领导，面对这样复杂的局面，往往十分迷茫，感到非常困惑，工作起来力不从心。

针对这些困惑，本书从工业4.0时代下，深刻认识中层领导的心态、定位入手，给中层领导开出了一剂良方，指引中层领导走出误区，既做正确的事，又正确地做事，最后成为企业的中坚力量。

本书结合笔者多年的管理与培训经验，紧扣“工业4.0时代下的中层领导如何成长为企业中坚力量”展开，希望为读者展现国内外知名企业，在当今时代下，如何调整人员培养的思路与体系。希望通过笔者的绵薄之力，能够为国内的企业“量身定制”系统方案，全面提升企业“智造”水准，解决企业面临的现实困惑与挑战，让中间力量迅速成为中坚力量。

本书内容具有三大特点：

（1）管理技能的实用性。本书以理论知识与实际操作相结合为原则，突出了工业4.0时代下，企业中层领导通用管理能力训练，以管理技巧和实务训练为主，通过引用案例，做到管理理论、方法与企业中层领导工作有机结合，突出了可操作性，强化实践，讲求实效。

（2）体系的创新性。根据工业4.0时代下企业中层领导所需的基本能力，本书分为四大部分，以一个中层领导的个人成长需要思考的问题来做主线。

（3）思想、内容、结构的新颖性。本书思想超前，内容新颖，结构合理，图文并茂，阐述简明扼要、通俗易懂，内容具有可读性和吸引力，既是一本研究工业4.0时代下企业中层领导能力提升的力作，更是一本帮助广大企业中层领导从中层到中坚的必备之书。

各位亲爱的读者，在迈向工业4.0的道路上，人才软实力尤其是企业中层领导的软实力，和智能设备硬实力同样重要，但打造起来更加困难。无论多难，国家、社会与企业都必须重视起来、行动起来，这是中国企业转型升级的需要，也是中国制造转型升级的需要。愿本书能对您成为企业中坚力量有所帮助！

应 超

二〇一九年春于北京

目录

第三篇　我要会什么——善治人者，亦善治己

第四篇　我要怎么变——提升是晋升的捷径

第一篇
我是谁——中层领导必须了解的“自知”

第一章

新工业时代下，中层领导的地位与职责

好好扮演自己的角色，做自己该做的事。

——李嘉诚

中层领导要融入大背景

一架飞机顺利地飞上蓝天、安全地抵达目的地，需要哪些环节的配合？

充足的燃料，

合适的天气和气流，

强大的发动机推动力，

有力的双翼，

具有丰富驾驶经验和娴熟驾驶技术的驾驶员，

地面导航系统的精确指挥。

……

飞机的飞行靠的是各种资源要素的组合运用。

对管理而言，道理是一样的。企业的基本资源是人、财、物、信息和时间，只有通过各种资源整合，形成合力，才能共同创造出最大价值，这个创造的过程，就是管理的过程。尤其是在工业4.0大背景下，对于中层领导来说，学好管理是前提，用好管理是关键，做到有效管理是目的。

工业4.0的核心是“智能化”（见图1-1），包括智能工厂、智能出行、智能物流、智能家居等，在人类迈向智能化的进程中，一切都在快速变革，管理者必须走在时代的前列。

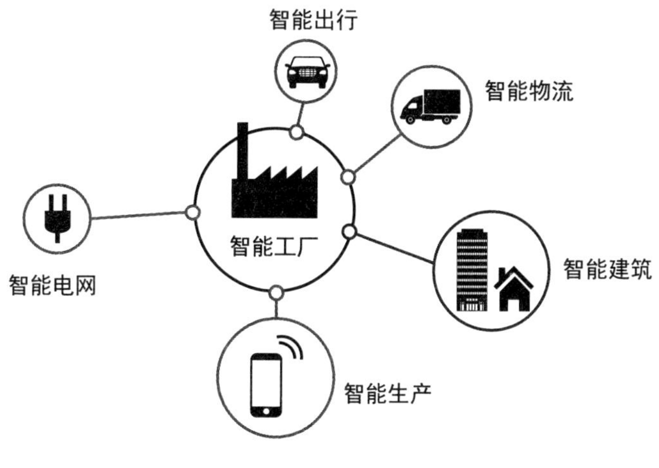

图 1–1　工业 4.0

中层领导需要与时俱进，主动融入工业4.0时代，避免抵触和不适应信息时代的心态和思维；掌握互联网信息时代主动权，熟练掌握使用互联网收集资料和信息，并运用新技术，如大数据处理分析材料，以便做出科学决策；运用互联网新技术手段，如微信、微博、抖音等传播工具，扩大宣传阵地的传播作用和沟通作用；时刻保持舆情驾驭意识与能力，做好信息、机密安全保障工作，筑牢安全墙，防止信息泄露。

管理＝资源的整合＋人力的协调

一、管理的概念

关于管理的概念有很多种，在这里，笔者认为：

管理就是把企业内外所能支配的所有资源（人、财、物、信息、技术、规章制度、时间、客户、市场、信用、企业文化等）有效整合，最大限度地发挥它们各自的作用，最终实现企业经营目标的过程。

二、管理的对象

管理的对象是企业所拥有的可支配和可利用的一切资源。通过有效管理，这些资源可以被转化成财富。

三、管理的内容

管理本身不是目的，而是实现目的的一种手段、一个过程。整个过程由一系列相互联系、连续进行的工作构成，比如计划、组织、命令、控制、协调等有意识、有目的的社会活动。

四、管理的特点

管理的最突出特点便是并非完全凭借自身力量，而是通过他人的活动来实现目标，把事情做好。

管理故事

小杨是一位副食品个体经营户。开始时他自己一边进货、一边制作、一边卖货，生意红火后，一个人忙不过来，便雇了一个人替他去进货，又雇了另一个人替他去卖货，他专心在厨房里制作食品。这就是最初的分工。后来，随着业务的扩大，需要多名采购员和更多的销售人员，并且这些人又需要有人去管理，于是进货部就设置了一名采购经理管理业务员，销售部就设置了一名销售经理管理销售人员。直到后来，生产部门、财务部门等都需要一个部门经理去管理。

管理启示

从这个事例延伸出去可以看出，无论企业或组织有多么庞大和复杂，其运作原理都是一样的——当组织规模日渐扩大、上级管理者因分身乏术而忙不过来时，便需要雇用更多的、不同层级的员工来分担工作任务，通过他人来完成原先需要自己去做的事情。

五、管理的核心

如同指挥家指挥乐队演奏乐曲一样，如果缺失指挥家这个角色，负责演奏不同乐器的乐手们就变了一盘散沙，各有各的习惯和想法，你拉你的、我弹我的，一人一个曲调，缺乏配合和协调，便无法共同演奏出美妙和谐的乐曲。指挥家的作用就是把不同的乐手、不同的音色、不同的曲调加以调整、搭配，充分调动每个人使之和谐共鸣。

由此可见，管理的核心就是管好人力资源、处理好人际关系、协调他人的行动，把各方面力量凝聚起来，使其在组织中完成个人工作目标与集体工作目标。

找准位置，演好角色

一、中层领导的位置

在企业中，中层领导要做好管理工作，就要懂得找准自己的位置，做到不越位、不错位，在企业中发挥出自己应有的作用。

按组织中的层级划分，领导团队通常呈现金字塔式，分为高层领导、中层领导和基层领导，如图1-2所示。

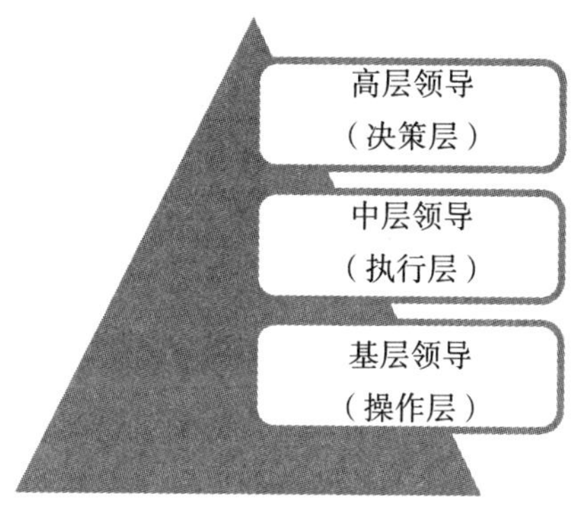

图 1-2　组织的领导结构

（一）高层领导

他们对整个组织的管理负有全面责任。主要职责是掌握组织的大政方针，工作重点是计划、组织与决策职能，比如制定组织的总战略、确定组织的总目标。高层领导对内拥有最高职位和最高职权，对外代表组织行使权利，是组织的形象代表。

（二）中层领导

他们处于高层领导和基层领导之间，是企业的桥梁、枢纽、脊梁和中坚力量，是所在部门的最高领导者和执行者，既要承上启下、穿针引线、协调各方，又要独当一面。他们的执行能力和领导能力在企业正常运转的过程中起着关键性作用，甚至直接关系到企业的成败。

1. 决策层与操作层间的上传下达

中层领导一方面要将企业的战略目标和工作计划等高层领导决策传达给基层领导；另一方面还需要及时向高层领导汇报与请示工作计划的执行情况、工作中发现的问题。

2. 细化并落实高层领导的重大决策

高层领导所做出的战略决策往往是宏观的、宽泛的，如何落实到具体的工作内容中？这就需要中层领导根据部门的实际情况制定出有效的战术决策、对日常工作进行细致管理，比如工作任务的检查、督促和协调。

3. 在管理过程中发现与培养人才

不断地为企业发现和培养人才，企业才能够实现战略目标与可持续发展。

（三）基层领导

他们的工作内容较为细致，比如直接指挥和监督现场作业活动，监督工作结果的数量和质量，保证各项任务按照计划执行并且有效完成。

二、中层领导的角色

这里的角色指的是管理者在组织体系内从事各种活动时所表现出来的不同身份。1955年，管理学家彼得·德鲁克提出“管理者的角色”的概念；20世纪70年代，亨利·明茨伯格分析出管理者在工作中扮演的十种角色，如图1-3所示。

人际关系方面	信息方面	决策方面
• 组织代表 • 领导者 • 联络员	• 监听者 • 传播者 • 发言人	• 企业家 • 调解人 • 资源分配者 • 谈判者

图1-3 管理者的十种角色

不过，只有总经理、总裁、CEO（首席执行官）等高层领导才能担当上述十种角色。对于企业中层领导来说，其角色定位则是以下四种（见图1-4），而且在实际工作中还要经常转换角色，在不同的场合将其扮演好。

角色一：下属

- 对上司而言，中层领导是高层领导的下属，要为上司的工作提供辅助。

角色二：上司

- 对下属而言，中层领导是管理者、教练、绩效伙伴，要为他们提供指导和监督。

角色三：同事

- 对同级部门而言，中层领导之间是同事、合作伙伴，要相互协作、扶助。

角色四：供应商

- 对外而言，中层领导代表公司与客户谈判，是客户的供应商。

图1-4　中层领导的角色定位

（一）中层领导是下属

1. 认清自己也是一个被管理者

中层领导要服从上级领导的管理，成为上级决策的执行者。

（1）服从、遵照、执行那些已经明确下达的决议、决定。

（2）充分了解上级对本部门的愿望和期待。

（3）理解上级的苦衷，主动为其排忧解难。

（4）在上级的指挥下取得工作成绩时，不抢功、不贪功。

2. 做好高层领导的替身工作

中层领导的一切工作都体现着企业的意志与目标，对于下属而言，他们代表着企业的高层领导与最高经营者，在一定情况下还充当着上级领导的替身。因此工作时中层领导要注意从上级的视角和利益出发去考虑问题。但需要注意的是，中层领导千万不要将自己当作企业的化身，不要越级去抵制、压制、冒充上级领导，必须在职权范围内做事，不该说的不说、不该做的不做。

3. 做好高层领导的辅佐工作

除了做好分内之事、完成上级交代的各项任务外，中层领导还需要协助上级做好全局工作，当好参谋助手，主动分担上级的重任，不仅能提出问题、分析问题，还能拿出敢于承担责任的对策。

（二）中层领导是上司

1. 管理者

作为管理者的中层领导的首要任务如表1-1所示。

表 1-1　中层领导的首要任务

中层领导的首要任务
依据上级决策，制订部门的年度工作目标和年度计划
分解细化部门的工作目标，协助下属制订相应的工作计划
设置部门日常工作管理的各项规章制度，如考勤、安全、绩效、奖罚等，不能朝令夕改
对日常工作内容进行布置、安排和检查，做到责权明确、奖惩分明
确定下属的绩效标准，尊重员工的工作，并对其工作完成情况进行评估和反馈
根据部门需要，协助人力资源部门对新进员工进行面试和筛选

2. 教练

想要让下属有更高的工作绩效，中层领导应该充当育人成才的教练角色，以身作则，以人为本，不断对下属进行指导与引导、鼓励与激发，使之在工作中得到提升，发挥出创造性和积极性。

3. 绩效伙伴

与下属身处同一个部门，有着同一个目标——提高绩效。这意味着中层领导不能搞特权，要懂得与下属同舟共济、同甘共苦、携手努力。

（三）中层领导是同事、合作伙伴

在日常工作中，部门之间、中层领导之间都是平级，不是隶属关系，是平等关系，所以矛盾和冲突较多，相互不配合、不支持的情况普遍存在。或者对职责理解存在偏差，将一件很重要的事情踢来踢去，生怕承担一点责任，完全不予关注或帮助，各扫门前雪；或者对“部门价值”理解错误，彼此都用自己部门的职能权力做筹码与其他部门讨价还价，同时只看重本部门在企业中的功能和作用，认为其他部门的配合是理所应当，无须感谢。

中层领导要树立“同事也是我的内部客户、衣食父母”的意识，完成从以职责为中心向以内部客户需求为中心的转变。要让各职能部门共同参与公司目标的制订，充分了解其他部门的工作方式、工作进程、期望与需求，据此互相配合、支持，共同完成组织的目标，并且评价自己部门工作优劣时，要将内外部客户的满意程度都考虑进去。

（四）中层领导是供应商

中层领导在公司授权的情况下，对外代表公司参与客户谈判，是客户的供应商。对中层领导的管理工作的研究表明，有些中层领导有相当多的时间被用于谈判：签订合同谈判、就新的问题进行谈判等。谈判是一个精明的中层领导者的“生存之道”。所以，谈判是中层领导的职责，是日常事务，是不能避免的。因为只有管理者才有权“实时”分配组织资源，并拥有谈判所需的重要信息。

中层领导在企业中不但具有多重角色，而且在实际工作中经常转换角色。对于中层领导来说，要使自己在企业中发挥中坚力量，首先必须认清自己的角色，认识角色的功能和作用，这样才能在不同的场合扮演好自己的角色。

细谈中层领导在“管理循环”中的五项职能

在《有效的管理者》一书中，管理大师彼得·德鲁克指出一个企业聘用管理者，是期望他们能够进行有效的工作、管理者对其服务的企业负有有效工作的重大责任。可见，管理者有效地履行自己的职能，既是每个组织的基本需求条件，也是一种基本责任和从业素养。

通常而言，管理者的工作大致是循着计划、实行、考核的流程进行。可以细分为以下五项职能：计划、组织、命令、控制、协调，它们形成了一定的周期性循环，这就是“管理循环”（见图1-5）。

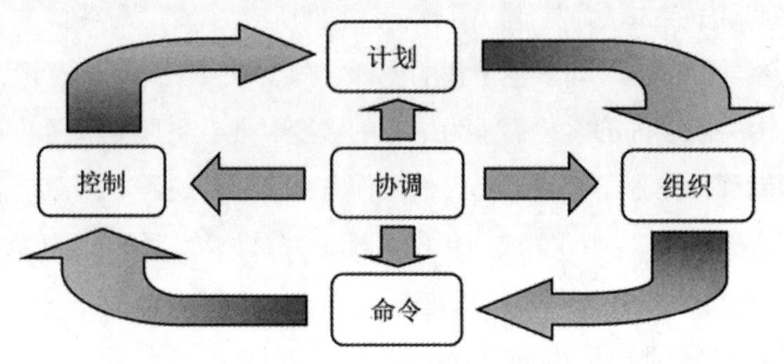

图1-5 “管理循环”

一、计划

管理故事

经历了上一次龟兔赛跑的惨败，兔子想要与乌龟重赛一次，为自己的速度正名。

比赛开始后，乌龟拼命地按照既定路线往前爬，当它到终点时，这里却依然没有兔子的身影。它心想：兔子不至于重蹈覆辙吧？正在它百思不解之时，兔子跑了过来，只听见它不断自责：“我又输了！我居然又输了。这次我没有偷懒睡觉，却跑错了路。”

原来是求胜心切的兔子出发后只顾埋头狂奔，事先根本没有了解过路线是怎样、终点在哪里，跑了半天才发现自己迷路了，等它好不容易找到正确路线时，乌龟早就爬过终点线了。

管理启示

一个企业的发展、一个项目的实施，成功与否，既依赖于天时地利人和，也与明智的战略计划密不可分。任何时候，都必须做足准备再去打仗。

（一）计划的概念

计划是对组织在未来一段时间内的目标和实现目标途径的策划和安排，是具体的工作方案。计划中，必须指出谁将要做什么、何时做、在哪儿做、如何做。

（二）确定计划的内容和流程

一项明确又合格的计划包含以下内容：目前的情况、前进的方向、行动的内容、员工的责任、成本的预算、开始的日期、结束的日期、计划的阶段性反馈、对突发事件的紧急处理程序。

计划的流程如下。

1. 确定目标

在对整体经营目标和经营方针、对上层主管的意图充分了解后，认清自己的立场和使命，然后确定什么是问题、什么不是问题，使问题明朗化，继而开始设定自己部门的目标。同时，注意明确区分最终目的与现时目的。

2. 进行现状分析，掌握事实

确定好目标之后，要明确需要具备哪些条件才能达成目标。针对现有资源、现存情况的调查分析是必不可少的，特别要找出影响实现目标的决定性因素。各方面的影响因素如表1-2所示。

表 1-2　影响实现目标的因素

“人”的因素	人员、技能、态度等
“物”的因素	设备、机器、原材料等
“时间”的因素	时期、期限等
“场地”的因素	区域与范围等
“经费”的因素	预算、成本等
“方法”的因素	实施方法、控制手段等

3. 针对事实做出深入思考

逐一列出当前尚未解决的以及可能会发生的问题，运用科学分析方法，整理、分析和评估，找出其中隐藏的深层次问题;然后设想当最坏情况发生时，是否可以承担相应风险，借此构想出问题的解决方案。

4. 制订具体计划

参考掌握的资源、资料、前人经验，分析研究各种达到目标的可行性方案，从中选择最优的方案；细化出执行工作项目的先后顺序及弹性操作，厘清各环节之间的相互关系，明确执行过程中的工作重点、下属的工作标准和要求；

确定完成各个行动项目所需要的时间，得出具体计划完成所需的时间；充分考虑到各种不确定情况的出现，提前给出应急方案；确定衡量具体计划是否取得成功的标准。

注意：具体计划不等于长期计划，切忌过于冗长、空洞；具体计划不能太完美、太理想化，要留有余地。

5. 确定具体计划

重新检查具体计划的重要环节，做出必要的调整与修正后，最终确定具体计划。

二、组织

管理故事

从前有四个人住在一起、吃在一起。

一开始，为了公平起见，他们抓阄决定谁来分饭，每天轮一个，但是只有自己负责分饭的那天能吃饱。

后来，他们推选出一个道德高尚的人出来分饭，以求公平。但是专权意味着滋生腐败，为了让自己分得更多的饭，三个人各施手段讨好贿赂那个负责分饭的人，明争暗斗的竞争气氛严重影响了四个人的友谊。

最后，大家决定“轮流分饭，但分饭的人要等其他人都挑完后，拿最后一碗”。这样一来，负责分饭的人为了不让自己吃得最少，就会尽量将饭等分。每个人得到的饭量都一样，大家都能吃饱，四个人的日子变得和谐许多。

管理启示

分饭就好比分配工作，用不同的人去负责这件事、采取不同的分配方法，就会有不同的结果。组织活动，既是对人力资源的组织，也是对物力资源的组织，需要领导做出最为合理公平的安排，才会产生最协调最有效的结果。

（一）组织的概念

组织是为实现目标，合理地获取和安排工作所必需的资源的管理活动。

（二）掌握工作所需条件和下属具备的条件

首先要掌握的是工作的种类、性质、内容、标准、整体的作业量、作业时间及作业人数；其次要掌握工作进行时所需的知识、技能、技术、经验、熟练程度；最后要掌握工作的重要性、紧急性等。

下属具备的条件，比如学历、年龄、性格、知识、经验、技能、态度、健康状况、家庭状况。进一步掌握下属的兴趣、意愿、期待、希望等要素也有一定意义。

（三）充分运用全体下属的能力

为了能最有效地实现目标，分配工作时要充分运用全体下属的能力，还要从培养下属的角度来考虑问题。可以通过以下方法来实现：

明确各自工作的责任范围；

合理分配强度适中的工作量；

分配给同一个人的工作应是同种类、同目的的；

尽可能分配给下属稍微超出其能力范围、具有挑战性的工作。

三、命令

管理故事

公司里有一群人在排队复印。

一位职员急切地对大家讲：“可以让我先用一下复印机吗？”结果没有人理睬他，他只好继续站在队伍的末尾。

此时，又来了另一位职员，他说：“各位同人，能否让我先用一下复印机？这份文件是董事长起草的，必须在三点之前送到各部门经理手中签字。实在是拖延不得。”这番话一出，大家全都不约而同地让出了道路，这位职员马上就复印好了文件。

管理启示

作为管理者，你可以要求下属执行你的命令，但这些命令最好听起来具体明确、合情合理，即便是一些棘手的事情，员工也会有执行的动力和热情。

（一）命令的概念

命令是一种明确且直接的指令，具有统一性、系统性和权威性，是管理者与下属间的一种交流。目的是让下属正确地理解和接受管理者的意图，然后主动积极地去执行，而不是单纯地服从。

（二）命令的下达方式、使用场合

几种命令的下达方式和使用场合如表1-3所示。

表1-3　命令的下达方式和使用场合

下达方式	要求	使用场合	范例
吩咐	情况特殊时； 必须严格管理时； 情况紧急时	管理者需担负命令内容的一切责任。原则上，下属一旦接到命令，即不得另行提出建议及加上自己的判断	“张小姐，请将这份合同草案复印三份，下午两点前送到三位部门经理手上。”
委托	一般情况时； 给予下属若干自由裁决的余地时	下属对命令内容也应负有相当责任。接到命令的下属，可以提出个人建议，也可以有效运用自己的创意	“周先生，请拟订一份生产报告书，写的时候可以参考这个案例。”
征询	欲使对方产生强烈意愿时； 欲使对方增强责任感时； 欲培养对方时	管理者与下属站在同一立场上，下属的职责也随着加重	“我觉得这个方案可行性很高，你有什么要补充的好想法吗？”
暗示	以暗示方式即可完成工作任务时； 欲激发对方积极态度时； 面对能力颇强的下属时； 面对经常主动工作的下属时； 欲培养下属的能力时	下属应对上级命令的内容承担责任。管理者应使下属了解执行该事项的工作要领，以期能主动自发地从事相关的工作	“如果分类整理一下这些旧文件，以后同事们再去查询时，肯定会省时又省力。”

续表

下达方式	要求	使用场合	范例
征求	分配勉为其难的工作时； 工作内容超出应有职务范围时； 包含令人不适或危险性工作时； 与平时情况不同时	完全由下属主动执行工作，管理者对命令内容需担负一切责任，但是管理者必要时应给予援助，如果有好几个人共同工作时，有时也要指定负责人	“这个项目进度很赶，今晚必须加班了，今天谁比较方便？”

从吩咐、委托、征询、暗示到征求，上级强制程度逐渐降低，下属自主程度逐渐提高，中层领导要根据实际情况灵活运用。

四、控制

管理故事

魏文王问名医扁鹊：“你们兄弟三人都精于医术，到底哪位的医术最好呢？”扁鹊回答：“长兄最好，中兄次之，我最差。”文王再问：“为何最出名的却是你呢？”扁鹊答：“长兄治病，是治病于病情发作之前，世人不知道他事先能铲除病因，导致他无法声名远播；中兄治病，是治病于病情初起时，世人以为他只能治轻微的小病，导致他只能在乡里中闻名；我治病，是在病人病情最为严重时，世人都看到我做出了在经脉上放血、在皮肤上敷药等大手术，公认我的医术高明，所以我才闻名遐迩。”

管理启示

绝大多数的管理者都没能意识到的一点：事后控制不如事中控制，事中控制不如事前控制。他们往往等到依照错误决策酿成负面后果后，才急着亡羊补牢，却落得于事无补。对某个项目进行有效的流程监管和盈亏追踪，可以有效避免一错再错导致的损失。

（一）控制的概念

控制，指通过对组织实际运行情况是否符合预定的目标进行测定、比较与研究，然后采取措施、确保组织目标实现的活动。也就是说，控制过程是修正客观的标准（目标、计划等）和实际工作成果间差异的过程。

（二）计划与控制的联系

计划和控制是同一事物的两面。计划为控制提供标准，缺乏计划作为依据，控制就无从立足。计划越是明确、全面、完整，控制的效果也越好；相应地，控制越是科学、有效，计划也就越容易实施。在必要的时候，控制能随时启动新的计划方案，使目标更加符合自身的资源条件并适应环境的变化。

（三）控制的过程

1. 确立标准

控制标准的确立，在计划工作和控制工作之间起到了承上启下的作用。对下属而言，工作的标准是具体的行动指南，同时是行动及判断的依据。因此在计划阶段，就要让该项工作的标准明确化，更重要的是要和下属共同确认此标准。

2. 测量实绩与界定偏差

对照标准衡量实际工作成绩分两个小步骤：测定或预测实际工作成绩；进行实绩与标准的比较。

3. 分析原因与采取措施

找出产生差距的真正原因，再采取措施加以纠正。

（四）控制的方法

1. 要求下属提供报告

提供报告的做法不但可以帮助管理者在工作上与下属进行意见沟通，而且能加深管理者和下属间的相互了解。如何正确接受报告？最重要的就是正确掌握其含义和必要信息，不要有偏见，不要先入为主，以认真的态度加以倾听，区别其中传递出的事实与意见；对失败、事故的报告，要求按照结论、理由、经过、意见的顺序报告，要特别冷静地听取。

2. 支持下属自我控制

想要培养出具备自主性、积极性，有能力、责任心的下属，中层领导的控制就不能太多。对下属的限制、指导过于专制，会使意见或提案、信息减少；工作场所缺乏朝气、阳奉阴违；下属抱怨多、看上司脸色行事；下属对上司反感，掩饰错误、事故，下属过度依赖领导。

在控制过程中，应该与下属进行充分沟通并产生共识，依据不同情况逐渐加大自我控制的程度，给下属较大的空间和自主权，使其主动发挥创造力。

但需要注意的是，如果控制不足、过于放任，就会出现下属违反规定、工作拖延、导致事故与障碍的出现、工作效率降低、产生浪费等情况。

五、协调

管理故事

一位资深员工工作能力出众，但有一个致命弱点，那就是经常迟到，令上级非常不满。这天他又迟到了，一场重要会议不得不因此推迟。

上级忍无可忍地质问道："为什么又迟到？又迟到！"

员工说："这回是因为堵车，只迟到了五分钟而已。"

上级说："知道可能会堵车，为什么不早点出发？"

员工说："因为我需要洗漱吃饭啊。"

上级说："那你完全可以早点起床。"

员工说："每天晚上都要加班到深夜，我想早起也起不来啊。"

上级说："为什么不找方法来提高工作效率？很多事都没有加班的必要。"

员工说："只是迟到五分钟而已，不用小题大做吧。"

上级说："公司规章制度不是儿戏，狡辩、卖惨都没用。这个月的奖金扣除了，并且全公司通报批评。"

最终一番对话下来，两个人都很气愤。第二天，这位员工一气之下辞职了，临走之前不忘到处说上级的坏话——"鸡蛋里挑骨头、不通人情的冷血动物。"

管理启示

协调关系是一个双向的工作，一个方向对企业，另一个方向对员工，最直接的方式就是沟通，中层领导必须照顾到双方利益，寻求平衡点，讲究语言艺术，说出既合情又合理的话，而不能完全按照机械式、流程化的规章手续来管理员工。

（一）协调的概念

协调，是指针对某一特定问题，为了让计划、组织、命令、控制这四项职能得以顺利进行，与有关人员联络、交涉，以谋求问题的解决。有关人员，不只是自己的下属，也可能是上司或其他部门的员工。

（二）协调的方法

协调的基础是沟通，因此协调的方法多种多样，面谈、电话、邮件皆可。协调的具体方法如下。

1. 坚守目的

沟通开始前及进行中，都要牢记协调的目的——仍在实现组织的既定目标。

2. 注重态度

既不能以强权强制对方接受，也不能轻易予以妥协。

3. 角度预估

站在更高层次上、用更广阔的视野看待问题，以免因为个人观点与立场不同而产生对立局面。为避免这种现象发生，还需要预先估计双方可能出现的反应，否则难以理智地从尖锐对立的意见中得出更有价值的结论。

4. 发表意见

充分表达及听取彼此的要求和意见；针对双方的要求、意见，分解并分析各个因素，仔细讨论，相互评价，注意避免陷入抽象的理论性争执；最后加以整合，以确定双方认同的解决办法，达到协调的目的。

※ 案例及分析

百胜集团拥有这样一位出色的管理者，通用原总裁杰克·韦尔奇在书中曾评价他：大卫·诺瓦克把百胜公司超过3.3万家的连锁餐厅变成了新的经营思想的实验室。

在20世纪90年代前，百胜集团旗下的肯德基依靠一种有助于增加门店数量的特许加盟模式，在美国本土开始扩张。然而20世纪90年代后，百胜集团高层发现特许加盟模式在有效控制管理和产品质量方面存在不足，加盟商和百胜集团之间互相心存芥蒂，肯德基的财务情况也不乐观，因此百胜集团高层决定收回加盟商手中的“特权”。对于加盟商来说，这个消息无异于晴天霹雳，不满、不理解、质疑的情绪瞬间爆发，他们态度强硬地抗议百胜集团的违规行为。纠纷愈演愈烈，双方关系迅速僵化。

为了摆脱困境，百胜集团决定派大卫去解决问题。临危受命的大卫对此打趣道：“选择我，也许是因为他们认为我比较好说话，而不是我业绩好。”虽然大卫的语气轻松，可他要面对的情况无比棘手。一方面，大卫火速召集各地加盟商，进行“头脑风暴”；另一方面，他自始至终保持着低调和谦逊，经常站在加盟商的角度换位思考。

大卫不仅赢得了加盟商的理解和信任，也发现想要让肯德基的利润快速增长、必须增加加盟商的利润所得。他向高层反映了情况和调查结果——“如果没有加盟商的参与，肯德基很快就会倒闭。”在成功说服高层后，大卫召开大会，郑重表明：“从现在起，百胜集团和加盟商就是一家人。”他采取的一系列举措，快速得到了加盟商的支持，合理、完美地解决了这次危机。

分析

通过这个案例，可以看出，大卫是一位十分优秀的管理者，他身居中层时，寻找到了合适的职场定位，主动承担起公司的重任，临危受命、临阵不乱，促成了上级与下级、企业内部与外部的高效沟通，运筹帷幄，解决了企业面临的巨大运营危机，为上级排忧解难，为百胜集团带来了如今的辉煌成就。

一个企业必然会不断面临诸多困难和问题，想在激烈的竞争中脱颖而出，却被管理层缺乏先进的管理观念拖了后腿，最终导致失败，这样的事例屡见不鲜。中层领导是企业的中流砥柱，必须时刻牢记自己的目标，与企业一起成长，不断提升自身管理素养，学会站在更高的层次上以更广阔的视野来思考问题，还要对公司和员工“双向”负责，致力于为公司创造绩效、为员工谋福利。

※ 内容小结

（1）管理就是把企业内外所能支配的所有资源（人、财、物、信息、技术、规章制度、时间、客户、市场、信用、企业文化等）有效整合，最大限度地发挥它们各自的作用，最终实现企业经营目标的过程。

（2）中层领导的位置：处于高层领导和基层领导之间，是企业的桥梁、枢纽、脊梁和中坚力量。主要负责：①决策层与操作层沟通的上传下达；②细化并落实高层领导的重大决策；③在管理过程中发现与培养人才。

（3）中层领导的角色：①对上司而言是下属；②对下属而言是管理者、教练、绩效伙伴；③对同级部门而言是同事、合作伙伴；④对外代表公司时是客户的供应商。

（4）中层领导的工作主要分为五项职能：①计划；②组织；③命令；④控制；⑤协调。它们之间具有一定的周期性循环。

※ 研讨与实践

（1）结合已有的工作实际，谈谈自己在中层管理位置上都扮演过怎样的角色？哪些角色比较成功？哪些角色不成功？初步分析原因所在。

（2）草拟一份“相同目的、不同发令方式”的计划书，加以真人演练，并且对这些命令的实际效果进行分析。

（3）回顾自己经历过的一次因工作关系处理不当而产生的矛盾，在脑海中还原现场，重新剖析，设计出双方都能接受的协调方法。

第二章

中层领导必备的阳光心态

把你的脸迎向阳光，那就不会有阴影。

人类正大踏步进入工业4.0时代，世界各强国工业化进程脚步加快，这种工业大变革的背景下，职场人士尤其是身处重要管理岗位的中层领导工作节奏加快、压力巨大，组织行为学研究表明，职场人的压力往往来自“不自知”，也就是对外界环境的不了解，在今天的工业化进程飞速发展的社会中，难免有些人因不适应而感觉压力巨大。实际上，只要从内心深处认识到工业4.0的时代特征，加上自身舍我其谁的责任感和阳光心态，压力程度就会逐渐衰减。

职场压力的疏解之道

肩负着越多的权力，意味着必须承担越多的责任，对胜任能力的担忧与日俱增，压力会随之而来。在现今社会，变革如浪潮般汹涌，中层领导在企业管理中所处的特殊位置给中层领导带来了巨大的工作压力，甚至对身心健康造成影响。想要更好地展开工作、顺利地完成工作，中层领导必须拥有一颗强大的心。

一、中层领导的压力来源

压力是指人们在应付超出应对能力的情境时，所产生的情绪和身体上的反应。这种反应是人和环境相互作用的结果。

压力产生的过程，如图2-1所示。

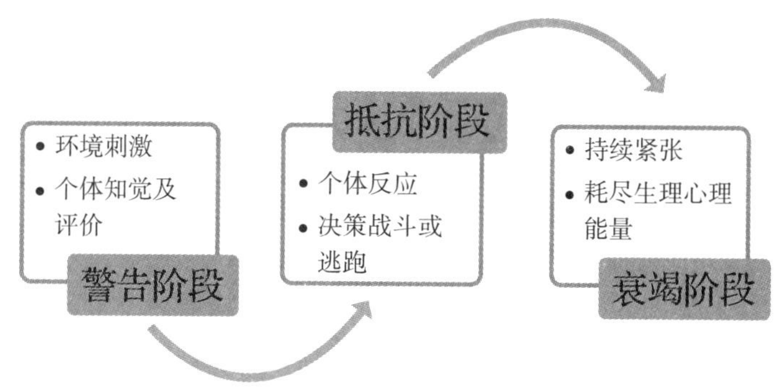

图 2-1　压力产生的过程

中层领导的压力通常来自三个方面。

（一）上级的行为

担心上司对自己有误会而产生偏见。

（二）个人原因

因为自身的不自信，在工作中表现得畏首畏尾、瞻前顾后，害怕出现差错，害怕让上司失望，害怕引起上司的不满，害怕自己的职位被他人取代。

（三）担心属下

主要指担心属下能力不足，不能完成自己布置下去的任务。有些中层领导还会担心他们不服从命令、私底下搞小动作、越级告状、取代自己等。

二、中层领导的压力种类

（一）岗位竞争压力

在企业中，中层领导处于“金字塔”的中间位置，往上发展，就是公司的高层领导，是总监、副总经理或者总经理等岗位。面对岗位稀少、竞争激烈的现实，巨大的晋升压力使得中层领导常常会陷入职业生涯中的瓶颈。

（二）自身知识储备压力

这是一个科技迅猛发展的时代，社会大环境对中层领导提出了更多要求，尤其是知识储备方面。而且，除了专业知识之外，中层领导还需要不断充实自己的管理知识，以应对工作需要。

（三）工作职责的压力

中层领导是企业的中坚力量，一方面要承担起管理职责，另一方面又无法完全脱离具体事务，因此工作内容繁多，工作压力也更甚于普通员工。

（四）生活与工作的平衡所带来的压力

一般来说，中层领导需要有5年以上的工作经验，所以他们的年龄大致在30~40岁。这个年龄段的人，上有老下有小，家庭需要他们付出很多的时间和精力。如何平衡工作责任和家庭责任是他们要面对的现实问题，这同样给中层领导带来巨大的心理压力。

三、压力对健康的影响

适度的压力会激发人的斗志和潜能，但如果压力过大，一旦转化为负面情绪，这些负面情绪又不断累积、叠加，问题将随之而来，正如图2-2所示。

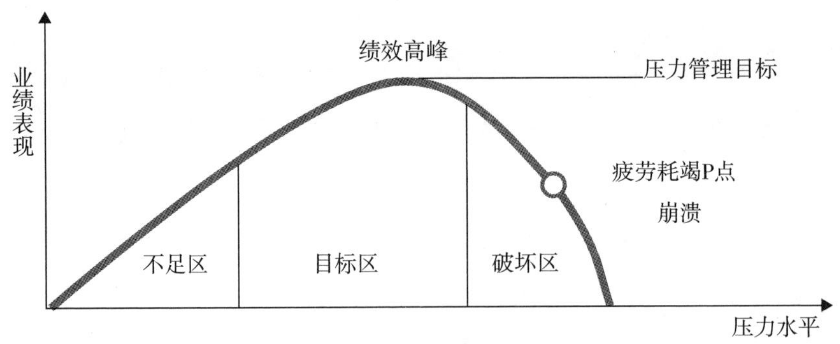

图 2-2　压力水平与业绩表现关系

长期处于压力状态之下，将会严重危害到人的身心健康，从而引发生理或心理不适。

当压力长期得不到缓解时，更会引起一些负面情绪，例如易怒、抑郁、厌倦、怨恨等，会导致中层领导出现一些认知错误，比如:不能正确认识自己、看待名利；人生目标淡化，责任心与事业心不够强烈，存有得过且过的思想；吃苦耐劳精神普遍减弱。这些负面情绪甚至会逐渐演化为抑郁症、焦虑症、神经衰弱等疾病。各种身心问题都将严重影响中层领导的生活质量和工作表现。

四、疏解工作压力的方法

（一）适度运动

工作压力滋生出大量负能量，通过运动消耗体力，可以将这些负能量消除。规范的体育运动、适当的体力劳动和随意的肢体运动都可以达到效果。在生气时，不妨找个空旷的地方大喊几声，或是进行比较剧烈的体育活动，身体感到疲乏，头脑反而能清醒一点。

（二）与人倾诉

长时间强行压抑不良情绪的外露，会给人的身心健康带来伤害。特别是性格内向的人，光靠自我控制、自我调节还远远不够，一旦钻进牛角尖，就容易耿耿于怀、气愤难平。其实，向亲人、好友等值得信赖的人倾诉自己的苦恼，获得帮助和指导，是比较有效的方法之一。别人的理解、关怀、同情和鼓励会带来极大的心理安慰，令人豁然开朗，茅塞顿开，感到舒服和轻松。

（三）语言暗示

人可以通过语言的暗示作用使不良情绪得到缓解，使心情重获平静。比如，当你被激怒时，可以这样告诉自己："别做蠢事，只有无能的人才会通过发怒来解决问题。愤怒会以愚蠢开始、以后悔告终。这样做既伤害自己，又伤害别人，于事无补，只会让事情变得更复杂更棘手。"

（四）放声大笑

在遇到困难、挫折、打击、逆境、不幸时，人们都会精神不佳、情绪低落，认为色彩缤纷的世界变成了黑白色，即便遇到值得高兴的事，也依然面无表情。这时候人们应该试试主动地放声大笑，笑不仅能抒发情感，还能减轻精神压力，使人产生对美好未来的向往，而且有助于散发多余的精力，促进身体健康。

（五）亲近大自然

美丽的大自然具有一种神奇能量，可以愉悦身心、陶冶情操，对于调节人的心理活动有很好的效果。与其在情绪不佳、压力巨大时把自己关在房间里，不如打开门走出去，环境优美的花园、空气宜人的郊外、充满生机的田园，都是不错的选择。长期处于紧张工作状态的人，很有必要定期到大自然中去放松一下。

如何调整自己的心态

管理故事

一位领导去工地现场考察，他问三名工人："你们在做什么？"

第一名工人说："我正在砌一堵墙。"

第二名工人说："我正在盖一座大楼。"

第三名工人说："我正在建造一座城市。"

十年后，第一名工人还在砌墙；第二名工人成了建筑工地的管理者；第三名工人则成了这座城市的领导者。

管理启示

处在同一条起跑线时，决定一个人成功与否的关键因素，不仅仅在于技巧和经验，还包括是否具有良好、健康的心态。

把表面简单重复的工作，看作是枯燥乏味的，那么工作对他的回馈就是枯燥乏味的。如果人们能在简单的工作中构筑自己的梦想，用阳光心态去面对压力和困难，那么人生就会如后两名工人一般，收获生活给予的回报。

一、改变不了环境时，能够主动适应环境

管理故事

一个落魄的人向智者求助。

智者舀起一瓢水，然后问："你看，这水是什么形状的？"

没等那人回答，智者又把水倒入杯子，然后再把杯子中的水倒入旁边的花瓶，接下来，智者端起花瓶，把水缓缓地倒入一个盛满沙土的盆，水瞬间就融入沙土中，消失不见了。

落魄的求助人陷入了沉默与思索。

智者让求助人走到屋檐下，指着青石板台阶的一个凹处，对他说："这个凹处就是水落下的结果。"

求助人顿悟！

管理启示

智者想要指明的道理是：社会中的各个方面好比无数个形状不同的容器，人应该像水一样，被盛进什么样的容器里，就变成什么样的形状。

对于中层领导来说，当换了新的工作环境、新的工作岗位之后，人难免会需要调适心理，适应崭新的、完全不同的工作环境，这是一个从陌生到熟悉的过程，更需要保持耐心和信心。当人们学会适应环境之后，就能克服更多的困难，战胜更多的挫折，实现自我价值。

二、改变不了别人时，愿意做出牺牲、改变自己

谁也不能完全准确预料到未来会遇到的事情，也没有十足的把握和能力去应对一切突发状况，更无法强迫别人与自己的所想一致、所做同步。不过，人们可以学会控制自己的心态，当改变不了现实、也改变不了别人的时候，那就试着去改变自己，比如改变自己对事件、对困难、对别人的认识，学会退一步海阔天空，善待别人。

三、可以用善于发现美的眼睛去看待一切

有时候，人们因为工作的琐碎感到烦躁，因为工作的压力感到焦虑，开始觉得一切都索然无味，甚至觉得别人也在处处针对自己，由此产生各种消极的认识和行为。其实，人们完全可以用一颗仁爱之心对待生活，看到事物中积极的一面，善于发现生活中的美，自己也主动去创造美，心胸自然可以开阔起来，变得乐观、积极、向上。回头再去看待以前那些令自己感到不适的烦恼，它们或许已经完全不值一提了。

四、会把时间和精力放在找到解决办法上

消极的人的行为模式是逃避寻找解决问题的办法、反而怨天尤人，使问题无限扩大化，传递出源源不绝的负能量。而积极的人则相反，他们有阳光的心态，所以只会把时间和精力放在利用现有资源完成工作上，当开始付诸

行动、不再无病呻吟的时候，问题的解决方法会逐渐明朗起来，成功也就指日可待。

五、拥有服务于他人的奉献意识

学会以别人为中心，把自身利益的实现建立在服务于他人的基础之上，换句话说，就是表现出“急他人之所急，想他人之所想”的倾向，这样的意识可以把利己和利他行为有机协调起来，从而体现出自己的存在价值，继而得到他人对自己的支持。特别是对中层领导来说，这是一种健康的、必要的心态和行为。

想给别人阳光，你自己要先变成太阳

作为肩负重任和压力的中层领导，想要获得阳光般的正面能量，在工作和生活中时刻保持阳光心态，可以试试以下这十种方法。

一、给自己一份期望，一个理想

一个合格的中层领导在工作中不妨给自己一份期望，并树立一个远大的理想，同时给自己的部门也设定一个可行的、具体的目标。这份期望和远大的理想具有意想不到的激励作用，比如，让人们有了动力去时刻保持积极向上的精神，敢于克服困难、面对错误和承担相应的责任。

二、了解并认清自己

对于中层领导来说，了解别人很容易，了解自己很难，因为人们的眼睛总是看到别人，却看不清自己。当有了目标之后，中层领导要考虑的问题是：是否有条件有能力去实现目标？这就需要中层领导对自己、对自己的团队做出客观、公正的评价，找到不足之处并努力改进。

三、强化自控能力

中层领导要学会控制自己的情绪和行为。

首先是控制愤怒。地位越高，越要清楚兼听则明，正反两方面的意见都要听取。当别人提出反对意见时，出现抵触心理是正常的，但抵触心理并不一定都要转化为愤怒，中层领导需要强化自控能力，关键时刻控制住自己的怒气，这样才能拿到混乱局面的主控权。

其次是抵制诱惑，在名利面前时刻保持冷静，以免误入歧途，导致思想一步错、行为步步错。

四、控制奋斗的速度

做个工作狂，是可以更快地接近成功，但同时要承担更多的压力。俗话说“欲速则不达”“物极必反”，越是迫切地想要取得成功，越是容易出现差错，这时候就需要适当地放慢奋斗的速度、控制工作的进度、给自己留有减压和缓冲的空间，让工作可以有条不紊地进行，避免陷入揠苗助长的误区。

五、寻求他人的支持和帮助

工作中处处有挑战，也处处有困难，面对困难，中层领导可以选择一个人扛过去，不断自我激励“我一定可以！没有我做不到的事情”。当然，也可以选择寻求他人的支持、指点和协助，这样能够借助他人的经验，避免走弯路、走错路，也可以有效地减少孤军奋战的压力。

六、经常自我反省

中层领导的沟通能力和人际交往能力是非常重要的，自我沟通也是一种沟通形式，简言之就是自我反省，时常反躬自省、与自己对话、评价自己的对错得失，有利于调节心理压力，间接有利于提高工作效能。

七、遇到矛盾，学会宽容

“宰相肚里能撑船”“小不忍则乱大谋”，这些古训告诉人们：欲成大事，先有大量。对一个中层领导来说，宽容既是美德又是智慧，心胸狭窄，斤斤计较，对下属犯的错抓住不放，常常会造成下属没有进取精神，畏首畏尾。

八、成为永远的学习者

活到老，学到老，要想成为优秀的中层领导或者做到更高的职位，就一定要坚持不懈地学习新知识、新趋势、新技能、新理念，保持与时俱进的敏锐度，这样才能昂首挺胸地走在其他人的前面，成为合格的领路人。

九、追求高质量的生活方式

精致的、高质量的生活方式不仅仅会带来物质上的舒适，更会带来精神上的丰富，对中层领导来说有助于保持阳光心态，同时这样能给下属做出表率、激励他们为了过上更好的生活而努力工作。

十、热爱家庭和生活

一方面，家庭是后方，只有后方安稳，维持好家庭的和谐，工作时的情绪才会稳定，才会把精力最大化地用在工作上。

另一方面，家庭是人们永远的港湾。在职场拼搏，再强大的人的承载能力也是有限的，家庭可以提供安慰、鼓励、指导，帮助人们在遇到困难和烦恼时调整心态，走出困境。

如何扭转负面情绪

尽管每一名中层领导都痛恨危机，但危机的来临无法避免。人们常常由于搞不清状况、不清楚自身潜力，让负面情绪愈演愈烈，由此陷入难以自拔的困境中，更别提突破险阻了。

通常来讲，与安逸的条件相比，环境的恶劣和自身条件的劣势更能激发人们的斗志，关键是看自己怎样去面对。是退缩不前，消极地沉寂在挫折带来的苦难中，颓废地走完剩下的路？还是迎难而上，证明自己，迎来属于自己的辉煌？

打铁还需自身硬，中层领导必须抛下愤怒、无奈、哀伤，在日常工作和生活中掌握并运用好以下七种心态和四大能力，这样才能顺其自然地使得阳光心态融入应激机制之中，无惧所面临的危机，最终突破环境的局限。

一、七种心态（见表 2–1）

表 2–1　七种心态

心态	具体解释
付出心态	遇事懂得斟酌取舍，小舍小得、大舍大得、不舍不得
坚持心态	坚持到底，不能半途而废、自我放弃，尤其是遇到瓶颈的时候，更要咬牙坚持，直到突破瓶颈、达到新的高峰
合作心态	合作可以把能力转变成执行力，把心态积极的人组织在一起，团结一致地做事情
谦虚心态	善于取人之长补己之短，并且用谦虚赢得尊重
感恩心态	感恩周围的一切，包括机遇、困难和对手
学习心态	善于思考、分析、整合，比如借助网络学习、向成功人士学习、参加培训班等
归零心态	学会放下一切、重新开始

二、四大能力

（一）信念力

成功的道路不会一帆风顺，在工作中一定会碰上这样那样的问题或阻碍，没有坚定信念的人，很难战胜困难、勇往直前，不可能成为一位优秀的中层领导。一个具有信念力的中层领导不仅可以让自己奋发图强，还能起到模范带头作用，让下属也深受感染，愿意为了共同的目标发挥出最大潜力、达到最高绩效。

（二）影响力

在改革、推进新的管理措施时，强大的阻力、不和谐的声音都可能出现，如果中层领导缺乏个人魅力，对他人难以产生影响，那么他的所言所行就不会被重视、被尊重，改革必将受阻，再良好的管理措施也无法得到有效的贯彻和实施。

（三）决策力

即使是世界500强的大企业，也可能慢慢走向衰败、甚至破产。导致这个结果的重要原因之一，就是战略决策的失误。做决策是领导工作的核心环节，中层领导每天都要面临各种决策，有大有小，事无巨细。而领导者的伟大就在于关键时刻能做出正确的决策，这需要人们在实践中不断提高自己的决策力。

（四）沟通力

沟通是建立在人际关系基础上的信息交流和关系协调能力。

建立与保持人际关系，表现为一种自我推销能力。尤其对中层领导而言，工作内容的重点就是带动团队工作进度、提高员工执行力、解决团队内部的纠纷等，如果人际关系经营得好，这些事情处理起来就会得心应手。

沟通的第一层次是进行信息交流。具体表现为一种良好的表达能力，自己说的话别人能听懂、别人说的话自己也能理解完全，信息接收和传递都没有障碍，工作就能顺利推进。

沟通的第二层次是关系的协调。在执行工作的过程中，人与人会出现矛盾、事与事会出现冲突，工作往往因此陷入僵局，协调好问题的方方面面，有助于消除隔阂、达成默契、提高效率，让大家步调一致地统一行动。

※ 案例及分析

一位年轻的女保险推销经理来到一家合资公司，留下一张名片给接待她的外方经理。

当她从办公室出来、走到走廊尽头时，发现外方经理正把她的名片撕掉扔进垃圾桶。

她顿时觉得自己受到了巨大的侮辱，情绪立刻激动起来。经过沉思后，她返回来，对外方经理说："对不起，我知道您很忙，不会记得我，我想要回我的名片，明天我再过来。"

外方经理愣住了，只得说："你的名片已经弄脏了，没法还给你了。"

她说："没关系的，脏了我也要。"

外方经理说："你的名片多少钱1张？"

她回答："5角钱。"

外方经理掏出1元钱，说："我用1元钱买你的名片。"

女推销经理说："我的名片是5角钱1张，不是1元钱1张，我可以再给您1张名片。请您记住，这不是一个应该进废纸篓的职业，也不是一个应该进废纸篓的名字。"说完便头也不回地走了。

外方经理若有所思地看着她消失在走廊尽头。第二天，外方经理打电话给她，要给全体员工买保险。

分析

在冷遇面前，年轻的女推销经理很快控制了情绪，以积极的心态坦然面对这些，平心静气地"借题发挥"，既维护了人格和尊严，又不失礼貌地对他人实施了影响力，最终圆满地完成了自己的任务。

※ 内容小结

（1）压力的定义：压力指人们在应付超出应对能力的情境时，所产生的情绪和身体上的反应。这种反应是人和环境相互作用的结果。压力一旦转化为负面情绪，就会影响身心健康。

（2）疏解工作压力的方法：适度运动、与人倾诉、语言暗示、放声大笑、亲近大自然。

（3）如何调整自己的心态：①改变不了环境时，能够主动适应环境；②改变不了别人时，愿意做出牺牲、改变自己；③可以用善于发现美的眼睛去看待一切；④会把时间和精力放在找到解决办法上；⑤拥有服务于他人的奉献意识。

（4）保持阳光心态的方法：①给自己一份期望，一个理想；②了解并认清自己；③强化自控能力；④控制奋斗的速度；⑤寻求他人的支持和帮助；⑥经常自我反省；⑦遇到矛盾，学会宽容；⑧成为永远的学习者；⑨追求高质量的生活方式；⑩热爱家庭和生活。

（5）积极应对危机的方法：具备七种心态（付出心态、坚持心态、合作心态、谦虚心态、感恩心态、学习心态、归零心态）和四大能力（信念力、影响力、决策力、沟通力）。

在传统的制造型企业中，中层领导往往已经担负了很大的心理压力，在工业4.0时代背景下，各个方面都产生了很大的变化，知识储备要求更高，新模式下的新工作方法层出不穷，这会让中层领导们产生更多的焦虑感。在这个时候，作为中坚力量的中层领导们，只有"装备上"阳光心态，筚路蓝缕、攻坚克难，才能大踏步地走进蒸蒸日上的新时代。

※ 研讨与实践

（1）针对自己的工作条件与环境，列举出最近一段时间存在的心理压力。当时内心的感觉或者想法是什么？你准备或正在如何处理这些压力？

（2）回顾你最近经历过的一次危机，对自己应对危机时采取的措施进行分析，找出自己个性方面的优势与不足，然后制订一个可行的计划加以心理调整。

第二篇

我要管什么——企业中层领导的八项管理

第三章

目标管理，聚焦企业动能

一开始设定高目标，日后才能构思出崭新的方法。

——伊克德·皮费佛（美国康柏电脑公司前总经理兼执行长）

每天都要给自己树立目标

结合企业的实际情况，海尔摸索和总结出了一套完善的目标管理方法，简称OEC管理法。OEC管理法中的O代表Overall，即全面的；E代表Everyone、Everything、Everyday即每个人、每件事、每一天；C代表Control and Clear，即控制和清理。

OEC管理法也可表示为“日事日毕、日清日高”，也就是说“每天的工作每天完成，每天工作要清理，而且每天都要有所提高（1%）”。这意味着，所有的事都有人管，所有的人均有管理与控制的工作内容。从车间工人到集团总部的每一位干部都知道自己每天应做些什么，在工作中按规定的计划实行“自我控制”，自下而上地保证目标实现，甚至会自行考核工作的完成情况，把实施结果与计划指标对照，领取自己“按劳所得”的报酬。

OEC管理法可以简洁明了地概括为：总账不漏项，事事有人管，人人都管事，管事凭效果，管人凭考核。

在衡量一个企业的管理水平高低时，以下几项内容极为重要：是否完成了总的经济目标，是否在完成总的经济目标过程中设定了各项阶段性和细化后的具体目标，是否很好地引导员工们有组织、有计划地开展工作，是否经济合理地完成各种目标。

凡事预则立，不预则废。目标管理正是这样一种现代管理方法，它以目标为导向、以人为中心、以成果为标准，对事物发展过程日日控制、事事控制，确保事物向预定目标发展，有利于帮助组织和个人取得最佳业绩。

大师眼中的目标管理

著名管理学者彼得·德鲁克对管理实践的主要贡献就是目标管理。具体来说，目标管理就是企业根据自己的经营战略制订出一个总体目标，再将这个总体目标分解成数个小型工作目标，交给各层级工作人员加以执行落实，每个管理者、每个员工都会亲自参与个人工作目标的制订，同时会以目标的完成情况为评估依据，以此保证总体目标的有效实现。

一、目标管理的特征

（一）上下级员工共同参与制订

制订目标的传统做法是由上级制订目标、传达给下级去执行。在这个单一的、自上而下的命令过程中，上下级之间缺乏沟通，上级过于主动，下级过于被动，其实并不利于展开工作，尤其是下级对上级制订的目标感到不满意、不合理、不可行时，抵触情绪的泛滥必然会影响到执行力，无法让目标有效实现。

而在目标管理体系中，制订目标和确定标准的工作是由管理者与员工共同合作、共同完成的。员工对自己的工作情况最为了解、最有发言权，因此制订出的目标更合理、工作积极性更高、实施效果更好，有助于齐心协力完成目标。与此同时，通过共同参与目标制订，上下级之间的联系加强、沟通深入，有利于切实提高管理的效果、效率。

（二）分解目标与总体目标方向一致

若各部门的目标没有做到与企业总体目标一致，就会发生这样的情况：研发部门与生产部门一致看好的产品，实际销售起来却并不受市场欢迎，令销售部门感到烦恼，而面对销售部门反映的市场需求、产品需求，研发部门与生产部门却迟迟难以调整落实。各个部门你干你的，我做我的，形同散沙，这就是目标分解失败。

在目标管理中，分解目标的核心是保证所有部门目标都符合企业总体目标、下一级的目标是根据上一级的目标分解而来的。如此一来，一个清晰又和谐的总分关系、递进关系便呈现出来，减少了部门与企业、部门与部门之间的分歧矛盾。

（三）目标能够被衡量和评估

在目标管理中，企业的总体目标较为宏观、宽泛，但是分解后的部门目标、个人目标都是明确且具体的，具有可衡量、可评估的特点，能够帮助上下级有效监管目标实施的过程、评定最终结果。

（四）比起过程，更关注结果

目标管理的一个重要特点就是设定目标、关注结果，所以在控制过程方面，关注的重点是实现结果，而不是传统管理中所关注的具体工作方法。这意味着，为了让下属更好地完成目标，中层领导需要充分授权、充分激励，让下属拥有施展空间并且饱含工作热情。

（五）及时反馈与辅导

在目标管理过程中，中层领导需要不断地将下属实现目标的进展情况反馈给他们，使之可以自觉纠正偏离目标的行为。如果下属缺乏自我纠正的意识或缺乏实现目标的关键性工作能力，中层领导就要出手“相助”，对下属进行有针对性的辅导、指导，帮助其更好地实现目标。

（六）评估绩效的标准是事先设定的目标

目标管理的实现离不开有效的自我控制。将实际结果和事先设定的目标进行比较、评定，这是在做绩效评估时上下级都要去做的事情，也是自我控制的前提依据，先找到不足之处，再进一步做出改善，在这样一次次的观察、分析、调整、控制的过程中，确保目标得以实现。

二、目标管理的作用

（一）目标高度统一，齐心协力地提高业绩

企业组织结构日趋复杂，会凸显出这样一种情况：员工对企业的整体目标认识不足，只顾着闷头工作，导致工作和目标脱节，无法提高企业效率，

甚至产生各种部门间、员工间的冲突和矛盾，这种内耗严重影响到企业整体目标的实现。目标管理的存在，能够使企业上下所有人员紧密围绕企业的整体目标工作，尽可能地减少这些偏离、冲突、内耗，提高企业效率和个人业绩，实现双赢。

（二）工作重点突出，集中力量办大事

在目标管理中，利用商业思维的“20/80法则”，人们可以认识到在一组事物中哪些是最重要的、哪些是次要的，由此制订出主要目标、总体目标、次要目标、分解目标，强调一个阶段的工作只设定有限的1~3个重要的目标，上下级都能够合理分配时间、集中精力抓住这1~3个目标，就可以实现80%的企业目标。

（三）提高员工士气，激发工作主动性

目标管理的优势之一，便是通过共同参与制订的方式将工作压力转化为工作动力后分解下去，这时候，需要被实现的目标不再是一种消极、被动的负担，而是一种积极向上的激励。在目标管理的实施过程中，也能体现出这一点：管理方式是上级控制和自我控制相结合的，上级授权给下属，为其营造一个轻松而积极的工作氛围，充分激发每个员工的潜能、实现他们的个人价值、满足他们的个人期待，企业的整体目标实现起来就变成了顺水推舟的事情。

（四）上下级之间的沟通得以加强

在传统管理模式中，本位主义、冲突与不和的存在，令上下级之间的沟通受阻，由此形成恶性循环。目标管理则以双向沟通为基础，增加了上下级之间的沟通机会，上下级在企业中坦诚相见、集思广益、达成共识、团结合作，不仅改善了人际关系，还有效地实现了目标。

（五）为绩效评估提供明确依据

在评估员工业绩时，传统管理提供的评估依据往往依赖于上级的主观臆断，不能做到客观、公正、公平，员工的不满情绪带来了不少矛盾和纠纷。而在目标管理中，工作目标是上下级共同制订的、是明确可衡量的，这样一来，当需要为绩效评估提供依据时，就能够做到有理有据、以理服人，一个公平的竞争环境与奖惩环境更加激发了员工努力完成目标、超额完成目标的干劲儿。

设定和分解目标

目标管理是一种实用有效的管理方法，体现出“民主管理”和“参与式管理”，对中层领导而言，管理重点在于“充分授权和激励”，对下级员工而言，工作重点在于“自我管理和控制”，想要做好目标管理工作，中层领导需要做好设定和分解目标这个基础工作。

一、设定和分解目标

为了使企业的总目标具有可操作性，落实为具体的战术和行动计划，企业的总体目标需要被转换为每个部门的分级目标，每个部门的分级目标需要被转换为每个员工的个人目标，形成统一的目标体系。某公司的目标分解如图3-1所示。

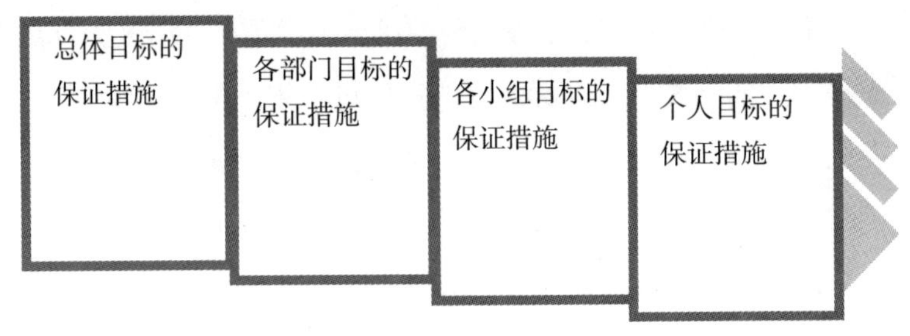

图3-1　某公司目标分解

如何让这些目标方向一致、环环相扣、相互配合呢？目标的分解过程既是“自上而下”的，又是“自下而上”的。

（一）明确企业的总体目标

明确企业的总体目标是设定和分解目标的第一步。

在确定总体目标时，高层领导要考虑到企业现状、未来的发展、可能的风险和机遇吗？可以着眼于近期容易实现的目标，对不太确定的目标也要事先做出几套目标方案，以备不时之需。为了不让总体目标轻易失去严肃性，应该避免每年都制订、每年都变化，否则下属很难为自己设定个人目标，管理者也难以进行目标管理。但也不能因噎废食，如果市场、行业出现巨大变化，还是需要根据实际情况及时调整总体目标。

（二）分解设定部门的分级目标

总目标明确后，各部门的中层领导要据此设定部门的分级目标。在理解总体目标时，中层领导必须站在高层领导的角度，如此才能清晰明了地制订出既符合企业总体目标、又符合本部门实际情况的部门目标。

（三）与下属一同制订其个人目标

若是员工没有自己明确的个人目标，只是依照企业和部门的目标去工作，很容易形成管理漏洞、混乱和人力浪费，降低企业效益。中层领导在和下属制订其个人目标时，要充分介绍和解释企业的总体目标和部门的分级目标，使其理解到位，这样才能量体裁衣地制订合理的个人目标。如果在商讨的过程中，出现了目标上的分歧、具体实施上的阻碍，上下级之间要积极沟通，寻求共识，预判将来可能出现的问题并找出解决办法，这样制订出的个人目标才能被员工接受，发挥积极作用。最后，以书面文字、双方签字的形式确认个人目标，进入下一步自我管理、自我控制的实施流程。

二、一个好目标的必备要素

一个好的目标必须符合SMART原则，具体是指以下要素。

（一）S——明确具体的（Specific）

目标的工作量、实现日期、责任人等都是一定的、明确的、具体的。

（二）M——可衡量的(Measurable)

目标分为定量目标和定性目标，如表3-1所示。

表 3-1　定量目标和定性目标

	示例	性质
定量目标	3月甲产品的产量达到100吨 一季度乙产品的销售额达到200万元	容易做到衡量
定性目标	2月底之前设计新的绩效评估办法	很难做到衡量

虽然定量目标容易量化、定性目标难以衡量，但不能只设定和评估定量目标而忽视定性目标。如果营销部门只注重销售额、费用等定量目标，忽视

了提高营销管理水平、进行培训销售员、完善评估制度和激励制度等定性目标，就会消极地影响到员工的素质提高、部门的长远发展。

在行政部门，很多工作目标都很难量化，容易引发分歧和矛盾。这一问题的解决方法是，提出一些具体的标准加以衡量。以上面示例的定性目标为例，可以将其再次细化为“针对不同的部门、不同的岗位采取分类评估原则”“采用平衡计分卡的方法设定绩效指标”等，引导下属实现目标、激发下属的主动性。

（三）A——可接受的（Acceptable）

目标必须是可以被下属所接受、认同，愿意积极主动地采取行动去实现的。但是，在共同设定目标时，上下级的利益出发点、认知程度、视角和掌握的信息等都存在差异，上级的一厢情愿，下属的不认可、被动接受，给达成共识、实现目标带来了诸多障碍。部分下属的情况如表 3-2 所示。

表 3-2　下属的情况

	优势	劣势	想法	做法
下属情况	在一线工作，对一线情况和自己的工作内容最了解	对企业的目标、优势劣势、外部环境等情况并不像上级那么清楚，考虑问题的高度比较低、角度比较小	认为上级制订的目标过高、不符合实际，很难实现	基于自身利益的原因尽量压低工作目标

所以在设定个人目标时，面对以上情况，非常需要中层领导充分运用自身的权威、信息、工作经验和阅历等，对下属进行说服工作，使其尽可能与自己达成一致意见，并提供必要的支持和帮助，让他们试着站在上级的角度思考问题和制订目标。

（四）R——现实可行的（Realistic）

在目标的设定方面要讲求实际，不能太高，否则员工就算再努力、也无法完成目标，目标难免流于形式，就失去了激励和评估的价值，还会大挫士气；但也不能太低，否则员工轻轻松松、随随便便就可以达到目标，无法发挥员工的创造性和开发潜能。

（五）T——有时间限制的（Timetable）

在设定目标时必须要有一定的期限，期限具有明确的约束作用，可以向下属施加压力，激发其潜力和干劲，提高工作效率。如果没有时间的限制，上下级对目标的完成时间各有各的理解，意味着目标可能永远也无法完成，还会因为分歧造成上下级关系恶化。

目标管理管的是过程而不是结果

目标管理是一种强调结果导向的管理方式。很多企业对目标管理都有误解，把它完全当成对结果的管理，在实践中机械地运用，到季末或年终对目标实现情况进行一个评估，如果下属完成了目标，就会获得奖励；如果没有完成，就会受到惩罚。管理者为下属设立目标后，忽视了对过程的管理，对结果以外的其他事情不闻不问、不负责任，导致下属承担过多的责任、受到不公平的惩罚。

目标管理的精髓是共同的责任感、密切的合作。中层领导在这一阶段决不能放手不管，完全让下属自我管理，应该经常做好自我检查，看看自己是否在实施过程中做到了追踪、检查、反馈、辅导、纠偏，是否参与进来、与下属齐心协力完成了目标。

一、如何协助下属执行目标

（一）适度授权

设定好明确的目标后，中层领导要按照权责对等原则，将完成工作所需要的权限充分授予下属，否则下属难以获得充分发挥能力的机会和成长的空间，目标的完成程度就会大打折扣。

（二）提高下属的工作意愿

在监督不力的情况下，下属的工作意愿其实并没有人们最初设想的那么充沛，有些人只是把工作当作谋生手段，工作起来缺乏积极与主动，这大大削弱了目标管理的效果。对于这类下属，中层领导要以“伙伴关系”取代“主从关系”，减少不必要的干预和命令，不断地对他们进行沟通、督促、培训和辅导，促使他们可以正确理解目标管理的意义，能够积极地进行自我管理和控制，使目标的执行更加有效。

（三）提供支援与协助

在目标的执行过程中，中层领导要提供给下属必要的人、财、物和信息等资源，特别是下属遇到工作难点时，为了保证其能够完成目标，中层领导要提供必要的指导与协助，及时伸出援助之手。

（四）及时交换意见

在工作中与下属交换意见，有利于中层领导掌握充分的信息情报，及时发现和解决问题，下属也可以从上级的反馈中得到有用信息和激励，便于及时调整计划，加速实现目标。

（五）适当进行督导与控制

虽然目标管理的本质是追求员工的自我管理，但这并不意味着对下属的目标执行过程可以放任不管，不可以因为授权做得好就成为“甩手掌柜”，中层领导要记得“工作可以下放，责任不可下移”，恪尽职守地对下属进行合理的督导与控制是必不可少的。

二、如何进行工作追踪

管理故事

海尔OEC管理法的最关键环节是复审，在复审中发现问题，随时纠偏，以此形成闭环，达到预期效果。海尔会在生产现场设立“日清栏”，要求中层领导每两小时巡检一次，将发现的问题与处理措施填在“日清栏”上。若是接连数次巡检也发现不了问题，就必须提高目标值。

管理启示

对下属的目标执行过程进行必要的追踪，这是目标执行过程中的一项必不可少的工作。通过检查、反馈和辅导，将其与员工的自我管理、自我控制相结合，最终实现工作目标。

有的销售经理给下属设定销售目标后，看到连续两个月销售目标没有完成，就会干涉下属的工作，或者是喋喋不休、批评指责。要知道，工作追踪既不是监视下属的工作，也不是严厉地控制下属的一举一动，更不是“三天打鱼，两天晒网”的抽查，对重要的事一定要定期检查，否则很容易形成“领导面前努力工作、领导一走消极怠工”的风气，下属工作就有可能渐渐松懈。这不但起不到工作追踪的作用，反而会带来不少负面影响。

工作追踪是在给下属充分授权的情况下，让下属按照自己的工作方式执行目标的基础上所进行的追踪，要定期检查工作进程、纠正偏差，从而保证工作进度按预定计划完成。

工作追踪的好处有很多，比如：可以发现目标执行过程中的偏差，采取一定的措施及时修正；提供上下级之间定期的正式沟通机会，创造一种和谐的工作氛围；帮助下属了解哪些做得好、哪些需要改进，怎样做得更好，以评估的手段来激发员工的士气等。

工作追踪的常用方法如图3-2所示。

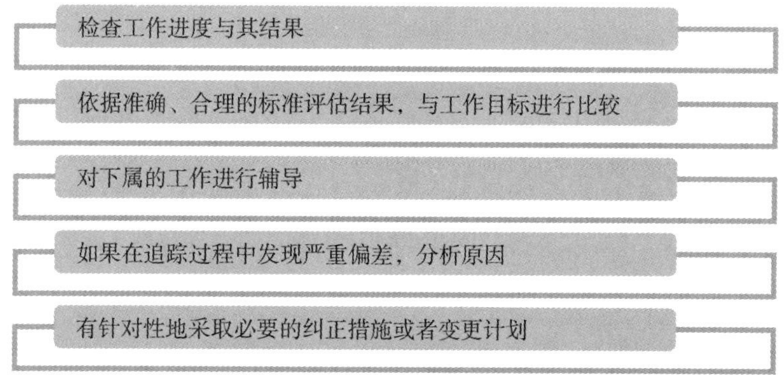

图3-2 工作追踪的常用方法

总之，在对目标执行进行管理的过程中，中层领导要做的是向下属充分授权，提供必要的指导和资源支持，下属要做的是加强自我管理，将行动方案付诸实施，并根据情况的需要采取各种调整措施。

如何进行目标管理的绩效评估

对目标执行成果进行评估是目标管理的最后一个步骤，可以提高士气、加强团结、总结经验、改进工作、促进绩效提高。

到了预定期限后，首先，由下属进行自我评估，提交书面报告；其次，上下级共同评估目标的完成情况，分析原因，总结教训，决定如何奖惩;最后，继续讨论下一阶段的目标，进入新的目标管理循环。

中层领导应该重点评估以下五个方面。

一、目标的实现程度

用实际的目标实现结果和事先制订的目标进行比较，就能获悉目标的实现程度。定量目标和定性目标的评估方法是不同的，通过具体数据的定量测算得出定量目标的实现程度，通过定性评价来衡量定性目标的实现程度。

二、目标的进展情况

评估目标完成的质和量是重要的，评估目标的进展情况也是必要的。只有每个目标的执行人都能按计划进度实施，各部门、各环节之间才能实现环环相扣的协调配合，确保企业总体目标的顺利实现。

三、目标的难度比较

想要全面衡量目标执行人的业绩，就必须考虑到工作任务的性质、客观条件和外界因素不同，换句话说，就是各个目标难度的不同，这决定了下属付出的努力和代价是不尽相同的。

四、目标实施手段的优劣

有效的实施手段可以保证和促进目标的实现，也能够让下属在评估时得到更高的评价分数。对实施手段的评估，主要包括三个方面。

（一）评估技术上的先进性

若是下属在实现目标时采用了新技术，提高了效率和效益，就应该给予更高的评价和奖励。技术上的先进性，是评估实施手段的主要标准。

（二）评估经济上的合理性

即使采用了新技术，如果没有注意投入与产出的比例，缺乏经济上的合理性，再先进的技术也会影响到目标的实现程度。经济上的合理性是评估实施手段的重要尺度。

（三）评估内容上的创造性

下属能否根据实际情况，创造性地使用某种方法来提高效益和效率，是评估实施手段的重要指标，有助于帮助中层领导发现创造性人才。

五、工作态度的好坏

工作态度的好坏会直接影响目标的完成情况，一般可以从以下两个方面评估工作态度。

（一）评估工作热情

饱满的工作热情，可以刺激下属积极运用各种手段发挥自身的潜力，在工作中遇到困难时也迎难而上地实现目标。在评估目标执行成果时，对于其他评估结果相似的下属，要给予工作热情度高的人以更高评价。

（二）评估协作态度

目标的实现离不开事先的合理分工，也离不开过程中的密切协作，能够主动做好和他人的衔接工作、积极帮助他人解决问题的下属，也值得给予更高的评价。

※ 案例及分析

金得利糖果公司是一家生产销售传统中式糖果的公司。随着市场需求的转变，仅仅依靠经营传统中式糖果已经无法实现公司的长期发展计划。公司高层决定下一年新增西式糖果业务，通知全公司的所有部门和员工细化部门工作目标与个人工作目标，共同为业务的改变提前做好准备。

在总体目标的引领下，各个部门进行了目标的分解和设定：

技术部的部门目标是研究现行的设备和技术，调查需要新添的设备和引入的技术；

销售部的部门目标是研究市场需求，分析现行销售体系的优缺点；

财务部的部门目标是了解公司目前的资金状况。

分析

金得利糖果公司总经理签发了“下一年开展西式糖果经营业务”的总目标。通过目标的逐层分解，各单位根据总目标制订了各自的小目标，并将小目标分配给基层单位和员工，人人有目标、人人有动力，形成了一个有效的目标体系。

※ 内容小结

（1）目标管理的特征：①上下级员工共同参与制订；②分解目标与总体目标方向一致；③目标能够被衡量和评估；④比起过程，更关注结果；⑤及时反馈与辅导；⑥评估绩效的标准是事先设定的目标。

（2）目标管理的作用：①目标高度统一，齐心协力地提高业绩；②工作重点突出，集中力量办大事；③提高员工士气，激发工作主动性；④上下级之间的沟通得以加强；⑤为绩效评估提供明确依据。

（3）设定和分解目标的步骤：①明确企业的总体目标；②分解设定部门的分级目标；③与下属一同制订其个人目标。最终形成协调统一的目标体系。制订目标时，应该符合SMART原则，即明确具体的、可衡量的、可接受的、现实可行的、有时间限制的。

（4）如何协助下属执行目标：①适度授权；②提高下属的工作意愿；③提供支援与协助；④及时交换意见；⑤适当进行督导与控制。

（5）如何进行工作追踪：①检查工作进度与其结果；②依据准确、合理的标准评估结果，与工作目标进行比较；③对下属的工作进行辅导；④如果在追踪过程中发现严重偏差，要分析原因；⑤有针对性地采取必要的纠正措施或者变更计划。

（6）目标管理的绩效评估内容：①目标的实现程度；②目标的进展情况；③目标的难度比较；④目标实施手段的优劣（技术上的先进性、经济上的合理性、内容上的创造性）；⑤工作态度的好坏（工作热情与协作态度）。

※ 研讨与实践

（1）结合自己的工作实际，根据SMART原则分别设定一个定量目标和一个定性目标。

（2）在工作中，你是如何进行工作追踪的？达到了什么目的？哪些方面做得好？哪些方面做得不好？以后如何改进？

（3）在实施目标管理时，你所在的企业或部门面临哪些困难？你打算怎样克服？

第四章

项目管理，一切都有章可循

管理就是把复杂的问题简单化，混乱的事情规划化。

——杰克·韦尔奇

什么是项目管理

对于一个企业来讲，企业项目管理是多项目的组合管理，在同一时间内可能会有很多项目需要完成，如何经济、有效地同时管理好众多项目是企业项目管理的核心问题，它关注的是企业项目所有目标的实现。实施企业项目管理的核心关键和基础性工作是建立一个有效的企业项目管理体系。

实现工业4.0不可能一蹴而就，必须把它细分化，分解成一个个项目来完成。工业4.0是在自动化基础上连续迭代升级为智能化。智能化是在控制的基础上，通过物联网传感器采集海量生产数据，通过对大数据进行分析、整合，赋予设备“智能”（智慧和能力），提高生产灵活性和资源利用率。

一、项目管理的概念

项目管理是指运用知识、技能、工具和方法为一个已经设置好的相对短期的目标（包含具体的重点标杆和目标值）去计划、组织、指导和控制公司的资源，实现或超过设定的需求和期望的管理系统。

项目管理的组成必须具备一些条件（见图4-1）。

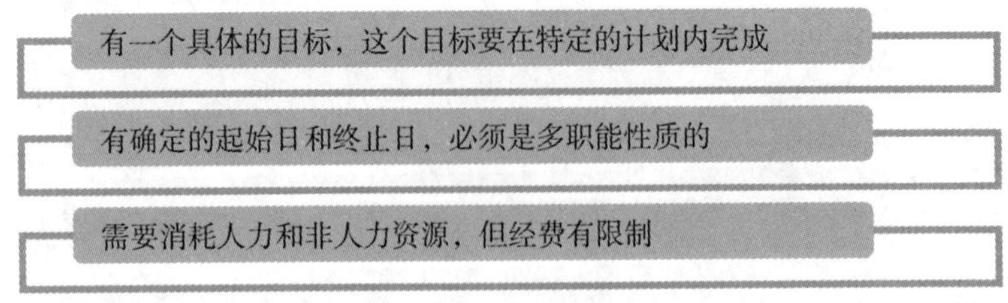

图4-1　项目管理的组成条件

二、项目管理的分类（见表 4-1）

表 4-1　项目管理的分类

划分依据	类别
根据不同的运用领域来划分	信息项目
	工程项目
	投资项目
根据其他划分方法划分	业务项目和自我开发项目
	企业项目、政府项目和非营利机构项目
	营利性项目和非营利性项目
	大型项目、项目和子项目

三、项目管理的过程（见表 4-2）

表 4-2　项目管理的过程

步骤	内容
项目启动	选择最佳的项目并确认项目收益； 准备项目许可所需的文件，任命项目经理
项目规划	确定各项任务的要求以及质量和数量； 确定好任务所需的时间并确定各项任务具体所需资源； 正确评估各种风险
项目执行	指导和管理工作； 为获取项目团队成员而谈判，并在与其共同工作时帮助成员成长
项目监控	跟踪项目进程，比较实际产出和计划产出，并分析偏差和影响； 做出调整
项目收尾	检查所有的工作任务都已完成，确定项目的最终支出； 确认合同以及文书工作的准确完成

几种项目管理工具

项目管理工具一般是指一些软件类工具。这些软件类工具主要是对人员（People）、产品（Product）、过程（Process）和项目（Project）进行分析和管理，从而保证项目能够按照预定的成本、进度、质量顺利完成。项目管理工具的分类如表4-3所示。

表4-3　项目管理工具的分类

划分依据	软件类型
根据管理对象的不同划分	合同管理、进度管理、风险管理、投资管理等软件
根据提高管理效率，实现数据、信息共享等方面功能的实现层次不同划分	实现了一个或者多个的项目管理手段，比如进度管理、质量管理、合同管理、费用管理，或者它们的组合等； 具备分析、预测以及预警功能，如进度管理、费用管理、风险管理等

一、甘特图

甘特图把一个大型项目划分为几个小部分，并有条理地加以展示，它有助于计划和管理项目。在项目管理过程中，使用甘特图可以轻松地了解每个阶段会发生的事情，从而跟踪项目进程，而且，重要的事项可以用一个小菱形标记为里程碑。

甘特图的左端代表开始日期，右边代表任务的完成日期。图中的每个任务都有预期完成时间，由水平的条形代表，任务可能循序渐进，也可能并行，时间有重叠。图4-2为某任务的甘特图。

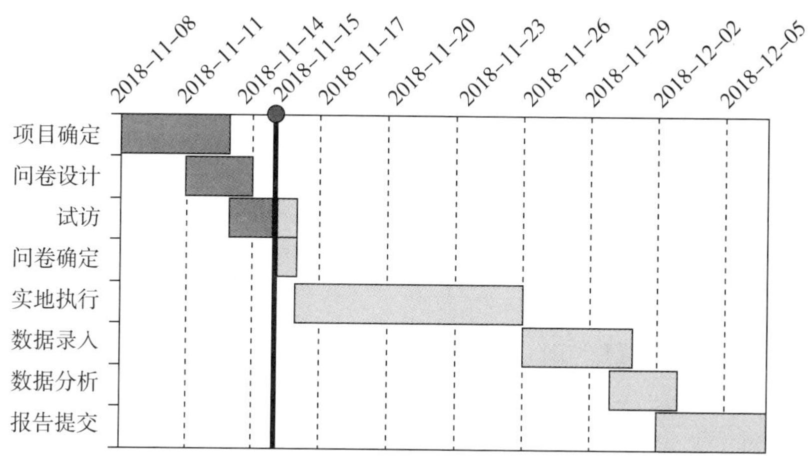

图 4-2　某任务的甘特图

二、PERT 图

PERT（计划评审技术）图的排版形式使得活动之间的关系比甘特图更加明显。PERT 图与甘特图的不同在于，它不像甘特图用条形代表任务，PERT 图用关系模型展示信息，用方框代表任务，箭头代表任务之间的关系。PERT 图也能展示任务划分，时间分配和开始、结束日期，它的缺点是任务较难跟进，因为有太多的联系和任务。图 4-3 为某任务的 PERT 图。

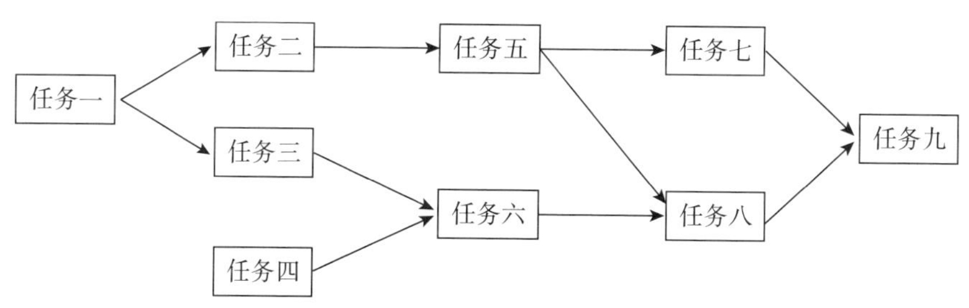

图 4-3　某任务的 PERT 图

三、思维导图

通过思维导图，你可以插入图片、链接文件、隐藏分支，来聚焦于某个部分。对于其他项目管理工具而言，思维导图更灵活。图 4-4 为某任务的思维导图。

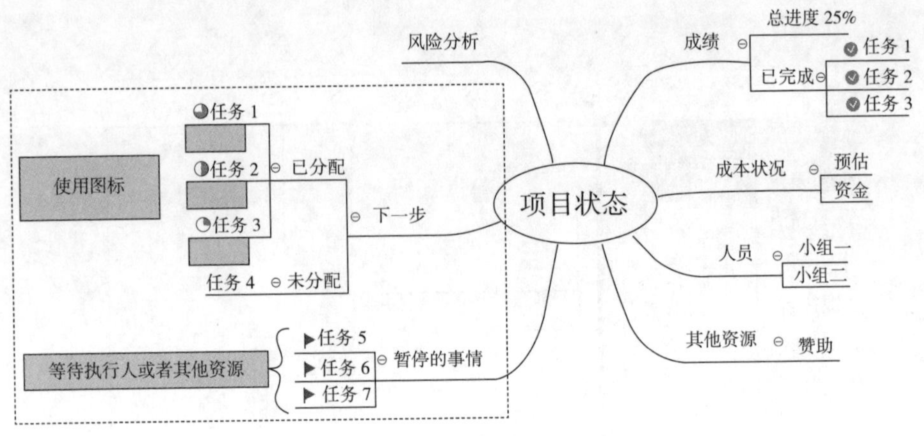

图 4-4 某任务的思维导图

此外，还有日历、时间线、WBS（工作分解结构）图、HOQ（质量屋）、状态表和鱼骨图等，你可以选择一种最符合自身情况的工具。

项目管理的实施方法

一、建设项目管理体系

企业建立一套项目管理的标准方法，并与企业的业务流程集成在一起，形成以项目管理为核心的运营管理体系，这就是项目管理体系的建设。

项目管理体系对企业的贡献如表 4-4 所示。

表 4-4 项目管理体系对企业的贡献

贡献	作用
明晰责任权力	可以作为项目成员工作考核的基础
明晰操作模板	可以作为项目成员的工作实施准则
明晰过程规范	可以作为项目成员的工作指导依据

二、实现项目管理程序的标准化

（一）项目选择程序

这是确保项目成功的第一步。通常需要中层领导考虑项目是否能够为企业带来合理的投资回报、是否能够充分满足客户的需要或期望、是否能够建立企业的竞争优势。

（二）项目工作程序

采用项目管理的常用技术，在各个方面按照项目管理的特点和方法来进行管理，构成了企业项目管理的工作程序。

（三）项目资源配置程序

需要同时进行多个项目，企业必须建立多个能评价资源在其项目中利用效率的系统。

三、有效实施项目管理的辅助工作

（一）打造矩阵式为基础的组织结构

这是由职能部门系列和完成某一临时任务而组建的项目小组系列组成，从而同时实现了事业部式与职能式组织结构特征的组织结构形式。一个完善的组织结构可以帮助企业适应所处的环境变化，增加企业对外竞争力，实现企业的战略目标。它在最大限度体现了项目管理组织的特点——柔性。

（二）塑造团队型企业文化

（1）对全体员工进行项目管理专业知识的培训。

（2）在推行企业项目管理之前向全体员工进行充分、有效的宣传。

（3）减少职位变化给企业带来的波动。

（4）更新人员考核办法以强调集体合作。

（5）消除过分严格的企业等级观念等。

（三）形成有效、合理的授权体系

形成有效、合理的授权体系可以解决在实际项目管理运作中对项目经理授权的“度”把握不好的问题。

（四）应用项目管理知识体系

对于整个企业而言，项目管理知识体系所规定的知识范畴、所涉及的工作程序是需要与企业的业务相结合的，并需要保持在所有项目上的一致性。

（五）建立企业与外部的有效沟通

建立企业与外部的有效沟通，就是要实现企业文件传输的电子化和项目监控的软件化，可以在每个节点上对项目进行成本、质量和时间三个维度的全方位及时监控。

（六）建立企业资源库

一般来说，企业资源包括人力资源、财务资源、技术资源等类型，人力资源是具有重要意义的资源。企业其他资源和人力资源一起构成企业项目管理的约束条件。因此，对企业的其他资源也要建立详细的档案并进行考核，这是实施企业项目管理的基础。

项目管理的风险控制

一、项目失败的种类

简而言之，项目中的失败就是未满足客户的期望。

失败分为计划失败、实际失败和感觉失败。计划失败是指可实现的绩效与计划的绩效之间的差异。实际失败是可实现的绩效与实际完成的绩效之间的差异。感觉失败是计划的绩效与实际完成的绩效之间的差异。失败的组成如图4-5所示。

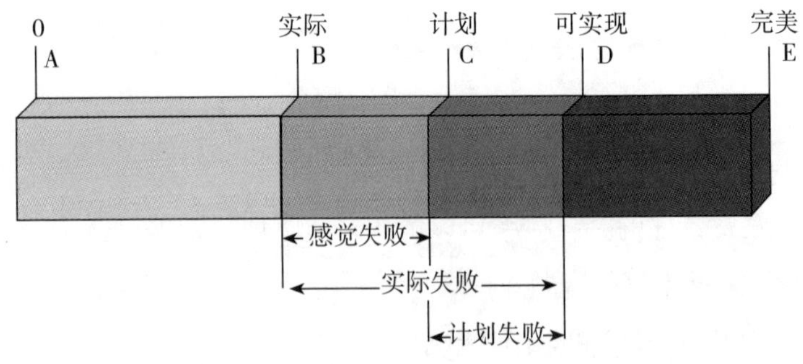

图4-5 失败的组成（计划不充分）

二、项目失败的主要原因

如今，大多数项目管理者关注于计划失败。如果能减少或消除计划失败，发生实际失败的可能性就会减小。计划失败的存在，很大程度上是因为项目经理无法有效地进行风险管理，具体原因大致有以下几种。

（1）计划拟定的项目工期太短，要完成的任务太多。

（2）估计不全面，特别是在资金上估计不足。

（3）制订计划所用信息不完整，没有系统化的计划程序。

（4）环境因素发生改变，影响了项目的时间范围，而且在错过截止时间后，又没有补救措施。

（5）换人后，项目相关方变得被动，项目本身和项目相关方沟通不足。

（6）新的选举导致权力转换。

（7）契约失效，例如被吊销营业执照或无力还贷。

……

三、项目管理的常见隐患

（一）缺乏对自己的了解

拥有明确的自知是迈向项目管理成功的第一步。通俗地讲就是了解自己，特别是自己的能力、优点和弱点。只有对自己有了充分的了解，才不会“贪多嚼不烂”，才能有足够的时间来培训新员工。

（二）活动存在误区

团队会议、客户技术变更会议、特殊的进度计划与图表的设计，这些都是用于向客户报告的，却常常被用作向高级管理层报告，这就是最常见的活动误区。活动误区表现为手段变成了结果，而不是用手段去达成结果。

（三）重人与重技术不可兼得

决策上的重大管理隐患在于，是任用可以与你建立良好工作关系的下属，还是任用只能把工作做好的具有高技能的人？遗憾的是，鱼与熊掌通常不可兼得。

（四）无效时间管理

把时间花在无止境的文书工作、不必要的会议、不必要的电话、为来访者做导游上，就是无效时间管理。

四、项目管理的风险控制

风险管理应在项目初期确定并贯穿项目的整个生命周期。风险管理过程包含以下几个互相关联的部分。

（一）风险规划

管理者应设计并记录一些战略和方法，这些战略和方法要易掌握、条理性强、具有互动性，以此来识别并追踪风险，制订风险应对计划，并监控风险是如何变化的。

（二）识别风险

识别风险是风险管理的基础。风险的识别过程就是对各个领域及关键技术过程的检查，以便识别并记录相关的风险。

（三）进行风险分析

风险的分析包括定性风险分析和定量风险分析。风险的分析过程是对每一项已识别出的风险事件进行检查，估计风险发生的概率和对项目的影响程度。

（四）风险应对计划

风险应对计划包括该做什么、什么时间完成、谁负责及相关的成本和进度。这是一个识别、评估、选择、执行各种处理方法以将风险控制在项目本身的约束和目标范围之内的过程。

（五）监控风险

监控风险就是系统地跟踪和评估风险应对计划的绩效与标准之间的差异，可能的话，中层领导要及时更新风险应对策略。

※ 案例及分析

1990年，威廉姆斯机床公司（以下简称威廉姆斯公司）已成长为发源于美国的第三大机床公司。威廉姆斯公司的员工薪酬和福利情况都很好，雇员流失率极低。

20世纪80年代至90年代，威廉姆斯公司的利润飞涨到一个新的历史高点。

公司的成功源于面包黄油机床生产线，这条机床生产线如此成功，其他公司都乐于围绕这些机床改变自己的生产线，而不要求威廉姆斯公司对其机床做重大改动。

然而，20世纪90年代的大衰退迫使管理者重新审视他们的想法。市场发生了变化，高层领导意识到有必要寻找新的战略焦点。但是基层管理者和工人，尤其是工程师，强烈反对这种变革，他们相信衰退结束后辉煌仍会重现。

到1995年，大衰退已经过去了至少两年，产品销售量一路下滑，但员工仍反对改变。裁员迫在眉睫。1996年这家公司被克拉克工程公司收购。克拉克工程公司对威廉姆斯公司的所有高层领导进行“大换血”，换成了自己的员工，并清楚地表明，不支持新发展方向的员工将被解雇。然而，那些工作了20多年的“老人”仍负隅顽抗。

威廉姆斯公司的新任高管们花时间和资金培训员工，并实施产品管理，取得了显著效果。意识到这一效果后，管理者继续给项目管理提供实实在在的支持，并聘请了管理顾问来解决公司里20多年的“老人”。直到2002年3月31日，公司终于迎来了第一个盈利季度。遗憾的是，威廉姆斯公司已经被收购了。①

分析

对于威廉姆斯公司来说，在发展初期，它的产品项目管理是成功的，但在时代改变、市场需求改变后，公司却因为缺乏风险意识而没有进行对应的改变，导致一个原本很成功的公司日益走向衰败。从更大的角度来说，威廉姆斯公司的生存也是一个项目，这个项目历经风雨，最终以被收购而告终，这个故事留给人们的反思又何止是项目管理方面呢？

※ 内容小结

（1）项目管理的过程：①项目启动；②项目规划；③项目执行；④项目监控；⑤项目收尾。

---

①摘自[美]哈罗德·科兹纳著《项目管理案例集》（第2版），部分内容有删改。

（2）常用的项目管理工具：甘特图、PERT 图、思维导图、日历、时间线、WBS图、HOQ、状态表和鱼骨图等，可以酌情选择。

（3）项目管理的实施方法：①建设项目管理体系；②实现项目管理程序的标准化；③有效实施项目管理的辅助工作（打造矩阵式为基础的组织结构，塑造团队型企业文化，形成有效、合理的授权体系，应用项目管理知识体系，建立企业与外部的有效沟通，建立企业资源库）。

（4）项目管理的风险控制：①风险规划；②识别风险；③进行风险分析；④风险应对计划；⑤监控风险。

※ 研讨与实践

（1）项目管理在所有的公司里都是有效的吗？如果不是，指出这样的公司，并阐述你的观点。

（2）项目管理会让权力从职能经理向项目经理转移吗？

（3）大部分组织中都有被认为对项目成功起关键作用的“明星”成员，那么怎样发现他们？如何将他们安置在项目办公室中？

第五章

执行管理，有效承上与高效启下

事前反复研究，慎之又慎；一旦做出决策，必须坚决执行，不容含糊。

——张瑞敏

多维度解析执行力

1898年4月，美国和西班牙战争爆发后，时任美国总统的麦金莱必须立即和当时西班牙的反抗军首领加西亚将军取得联系，而当时加西亚在古巴丛林里活动，没人知道他的确切位置。一个名叫罗文的人接到任务，要把美国总统的信交给加西亚将军。罗文接过信后，并没有询问“他在什么地方？怎样去找？我怎么把信交给他”。他知道这项任务有多么艰巨又有多么艰难，他选择孤身一人辗转前往古巴，凭借自己的勇气、责任心和不屈不挠的意志，经过长途跋涉、千辛万苦，终于把信交给了加西亚将军。这就是著名的“把信送给加西亚”的故事。

“罗文精神”所揭示的道理显而易见，那就是“完美的执行是不需要任何借口的，去做就对了”。不管是中层领导还是基层员工，都应该明确一件事：任何时候都不能忘记自己的职责，不要用任何借口来为自己开脱或搪塞，这样才能实现完美的执行。

在企业中，中层领导处于承上启下的特殊位置，这决定了中层领导的特殊作用。是否拥有较强的执行能力，会直接关系到企业的效益发展和个人的工作成败。

一、执行力的概念

被誉为“现代管理学之父”的彼得·德鲁克表示：管理是一种实践，其本质不在于知，而在于行。孔子在《论语》中也曾提出：“言必信，行必果。”

这里的“行”指的是执行的行动。

美国人保罗·托马斯和大卫·伯恩于2003年合著的《执行力》一书中提出了“执行力”的概念。从狭义的角度,人们可以将其理解为完成计划的能力,从广义的角度，人们可以宽泛地将其理解为完成工作任务的技巧和策略。

比尔·盖茨认为:在未来的10年内，人们所面临的挑战就是执行力。可见，执行力的高度决定着个人和企业的成败。

二、执行力的内涵

（一）快：执行的速度

“天下武功，唯快不破”，这是人们在武侠剧中常听到的一句话。《孙子兵法》中有句话是：激水之疾，至于漂石者，势也。意思是石头之所以能漂走，是因为水流的速度很快。可见，机遇与时间一样，都容易稍纵即逝，执行力强的人总是具有很强的时间观念，懂得珍惜时间、抢抓机遇，上级分配下来的任务，他们能做到绝不拖延、立即执行。

（二）准：执行的尺度

执行工作任务的时候，也不能盲目求快，一定要紧紧扣住战略目标、重点方向、主要任务去做，否则就算以最快速度完成了一件事，最终却发现它与目标并不一致、甚至是没必要做的事，那样反而浪费了宝贵时间。

（三）狠：执行的力度

很多人在执行工作时，会出现一个问题：虎头蛇尾。从一开始热情高涨、动作迅速，到最后变成敷衍塞责地草草收尾。这种执行力缺乏后劲和持续力，对目标的实现有弊无利，往往造成不尽如人意的结果。

三、执行力的表现

执行力的表现如图5-1所示。

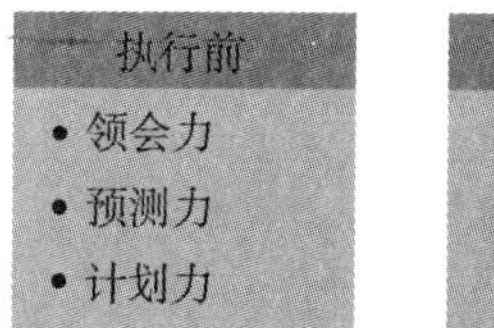

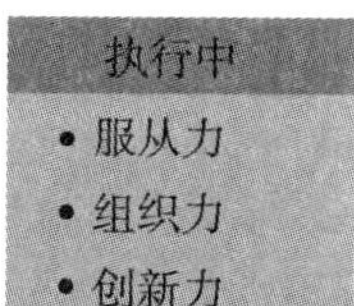

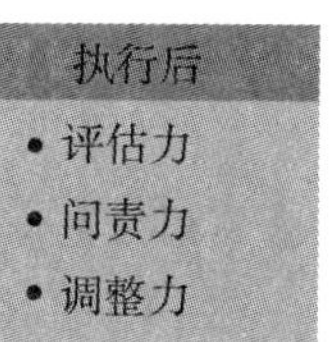

图5-1　执行力的表现

（一）执行前——领会力、预测力、计划力

1. 领会力：理解、认识、把握

在错综复杂的事件中，保持清醒的头脑，能够明辨是非，理解上级的决策精神，正确服务和服从大局，认识新任务、理解新问题的能力，就是领会力。领会力是执行力的第一内容。要确保领会力的正确，需要人们反对一切形式的分散主义、本位主义和小团体主义。

2. 预测力：过去—现在—将来

所谓预测力，简言之就是“运筹帷幄之中，决胜千里之外”的能力。过去、现在、将来都是有所联系的。想要做好预测，就应该以过往事件为根据、以现实为出发点，对客观事物的过去和现状进行深刻分析、全面把握，最后合理推断出多种可能性较大的结果。

3. 计划力：目标、时限、手段和主体

把决策变成具体执行的计划，就是计划力。中国有句古话，“凡事预则立，不预则废”，意思是说做任何事情，都要有所准备，计划周详的行动往往能取得好的效果，否则就有可能导致一着不慎满盘皆输。中层领导在开展工作时，应该尽量事前做好计划，将目标（任务是什么）、时限（在多长时间内完成）、手段（怎么完成）和主体（由谁完成）这四要素都考虑得当。

（二）执行中——服从力、组织力、创新力

1. 执行力是一种服从力

什么是服从？“没有任何借口”是美国西点军校200多年来最重要的行为准则。在执行过程中，在上级的领导下产生符合上级规范要求的行为，这就是服从。服从看似是被动行为，实际上也是一种选择，它是组织观念的一种表现形式。只有以服从为前提，才能实现上下感觉一致、认识一致、行动一致，否则一条命令下来，执行的人各有各的想法与做法，工作就无法按照计划开展。

2. 执行力是一种组织力

所有决策和计划的成功实施，都离不开科学合理的组织行为。这是一个为了实现确定目标，设计和维持组织内部的结构、协调相互关系的工作过程。蚂蚁的组织能力特别强，不需要任何监督，它们就可以有条不紊地完成工作，

实现整体的高效运作。

3. 执行力是一种创新力

创新，通常是指在工作中能想别人所未想、见别人所未见、做别人所未做，用新见解和新办法去解决旧顽疾和新问题，实现工作任务和个人能力的新突破。这种创新力是人的知识、技能、智力的统一与综合。

（三）执行后——评估力、问责力、调整力

1. 执行力是一种评估力

在工作中，所谓的评估是指针对各种决策，把它们的实际结果与原始目标相比较，运用特定方法进行综合性衡量、分析、比较和评价的过程。评估主要考察的是决策的科学性、可行性、实施后的效益。通过这些分析评价，人们可以了解决策的失误情况、发现现实与理想的偏差，并提出纠正和完善的措施。

2. 执行力是一种问责力

作为问责制度下的产物，问责力是根据评估结果对执行人员实行问责的能力。相对应的问责制，指的是对一切行为与后果都加以追究责任（不管是责任执行到位还是不到位）的制度。

3. 执行力是一种调整力

调整力是执行力的最后一个内容。在执行工作任务的过程中，总会存在这样和那样的不足、失误，要想让执行趋于圆满，就必须善用调整力，针对可能出现的意外情况，对执行过程中存在的缺点和问题进行修正完善。

做“一”名有执行力的中层领导

中层领导的执行力直接决定了各部门的效率和工作成败。一名执行力强的中层领导应具备以下三个标准：个人定位一标杆、工作热情一团火、组织执行一盘棋。

一、个人定位一标杆

中层领导是部门的灵魂，应在各方面能担当表率的作用，换句话说就是成为部门的标杆。作为部门的标杆，中层领导要境界高、心态正、有本事、口碑好！

首先，境界高的中层领导，胸怀够坦荡，能以集体利益为重，遇事总是先替别人考虑，必然会受到大家的拥戴和欢迎，必然会有大发展。其次，端正的心态才能带来执行力的有效提升。再次，有本事的中层领导是智慧的化身，发现问题之后，能通过抽丝剥茧，找出问题的根源，并对症下药，迅速拿出解决问题的办法。最后，一名优秀的中层领导必定具有很强的号召力，而这号召力一部分源自好口碑！也只有这样，中层领导才能充分发挥其标杆的作用。

二、工作热情一团火

一名优秀的中层领导应该有良好的精神状态，对工作始终充满火一样的激情和干劲。

作为一名中层领导，一定要对自己的工作充满热情，因为只有对自己的工作充满热情，才会迸发出更多的精力和想法，才会有更多的灵感和创意，才会去创造更多更有价值的东西出来。

三、组织执行一盘棋

一盘棋就相当于人们的工作，如何下好这盘棋，直接取决于中层领导的执行力。主要表现在三个方面，一是服从意识，二是沟通能力，三是凝聚力。

作为一名中层领导，首先要懂得服从，任何个人主义和英雄主义都是不可取的，如果不懂得服从，就无法做到执行领导的决策，高效率地完成任务。另外，从管理学的角度来讲，70%的管理问题是沟通问题。所以，中层领导的沟通力是执行成效的关键。如果一名中层领导没有服从意识，没有很好的沟通能力，就谈不上凝聚力。没有凝聚力就没有战斗力。

中层领导的执行力如何达到上级的预期

提高企业生产率、改善整体绩效是当今企业愈加关注的重要问题。要想达到这样的目标，人们应从以下几个方面考虑。

一、解放思想，提高工作执行力

思想是人类行动的先导，在工作中，提高执行力的前提就是解放思想。

（一）勇于创新，超越领导的预期

在工作中，执行力的最高境界就是创造性地落实上级精神。当高层领导给出一个思路，确定一个目标，规定一个时限，提出期望的结果之后，中层领导应该做到有能力去策划整个操作过程，并且让结果尽可能超越领导的预期。

（二）统一思想，真抓实干

如果做不到真抓实干，解放思想就成了空谈。所以，要想解放思想，就要真正形成“从干中来、到干中去”的积极导向。在工作中，应弘扬真抓实干的精神，在执行中统一思想，深化认识，脚踏实地、勤勤恳恳。

（三）提升境界，且联系实际

工作中做到实事求是、联系实际，就要切实把自己摆进去，决不能像手电筒一样，只照别人、不照自己。中层领导要有良好的工作作风，过硬的能力素质。

二、提高学习力，更有助于提高执行力

什么是执行力？所谓执行力就是执行任务所需的知识和技能。如何具备执行力？知识渊博才能触类旁通，厚积薄发方能得心应手。“工欲善其事，必先利其器”，要通过学习不断提升自己的素质，提升自己的执行力。

三、善于思考，掌握工作的主动权

思路决定出路，要善于思考，做到谋划在前、思虑在先，掌握工作的主动权。当一个具体的项目下达之后，中层领导应该从三个方面进行深入的思考。一是从整件事的全过程去想，把自己正在做的事做得更有条理、更有章法。二是从职责范围的角度入手，把工作把握得更全面、更周到。三是最重要的，

就是从全局的角度想，站得高、看得远、想得深。

四、在细节中追求卓越，更好地提高执行力

夏天的上海，雨水多，这给工程设计带来很大麻烦。而由德国人设计的上海地铁一号线，就解决了这个问题。德国的设计师在地铁一号线的每一个室外出口都设计了几级台阶，要进入地铁口，必须踏上这几级台阶，再往下进入地铁站。这几级台阶阻挡了雨水倒灌，很好地减轻了地铁的防洪压力。所以说，细节决定成败！没有精彩的细节，就没有壮观的全局。要提高执行力，就要把小事做细，把细节做精。

五、迎难而上，排难而进，提高执行力

人们在工作中，经常说："态度决定一切！"如果，人们缺乏克服困难的决心，没有迎难而上、排难而进的态度，就很难找到最合适的方法解决最费脑筋的问题！这个世界上，没有任何一件事是一帆风顺的。遇到困境，别无他法，人们只有两个选择：一是对自己狠，二是坚持执行。一名中层领导，必须以全部的忠诚和热情，尽职尽责，尽心尽力，做事创业。

六、加强责任心，才能更好地提高执行力

人们都是背着一个包袱走路的。这个包袱里有家庭、事业、友情等。在行进的过程中，即便再艰辛，人们都不会丢弃其中任何一件。因为这个包袱上面写着两个字："责任"。比尔•盖茨也表示：人可以不伟大，但不可以没有责任心。所以，强烈的责任感和事业心对提高执行力非常重要。而要完成上级交付的任务，你就必须具有强烈的责任心。

七、遵守规矩与制度，让执行力更上一层楼

海尔集团首席执行官张瑞敏认为，管理就是擦桌子，如果把擦桌子当作一个小事件，那么时间、人物、地点等因素都应该有其特定的约定。比如说对在哪里擦、谁来擦、什么时候擦、谁来检查擦的效果都有着严格、清晰的规定。所以，要想提高执行力，就必须懂得让流程说话。流程就是规矩，就是制度，就是程序。所谓的流程，具体是指一个或一系列连续有规律的行动，这些行动以确定的方式发生或执行，导致特定结果的实现。所以，要彻底消

除低效率，让执行力更上一层楼，就必须确定与工作实际相匹配的运行流程，规范做事方式，优化做事程序。

※ 案例及分析

北京金隅集团股份有限公司党委书记、董事长姜德义对“干”有精辟论述，他在讲话中强调：发展思路能否落到实处、各项工作目标能否顺利实现，关键在于大家怎么“干”，关键在于实际行动。他提出了“想干事、会干事、干成事、不出事、好共事”的金隅干事文化。

分析

“想干事”是一种状态，一种激情，心想才能事成。“想干事”解决的是“干”的思想认识问题。为政之要，贵在力行，重在履职。无论在什么时候，首先“想干、要干”，不干，一切都是空想。中层领导必须树立“干”的意识，要有“干”的内在动力，要有“干”的信心和决心。要“干”字当头，“干”字为先，力戒坐而论道、光说不干。要当挖山不止的愚公，不要当指手画脚的智叟。

“会干事”是一种能力，一种素质，“会干事”才能事半功倍。他山之石，可以攻玉；取人之长，补己之短；讲求突破，贵在创新。“会干事”是中层领导理论政策水平、综合决策能力、组织协调能力、文化专业水平的表现。中层领导要树立“无功便是过、平庸就是错”的理念，不怕难题，敢于创新，把能力体现在“会干事”上，要善于处理复杂的矛盾和问题，正确把握具体工作特别是企业运行工作的规律，用以指导工作实践。要提高能力，增强本领，首要的就是加强学习，尤其要把学习作为成长、成才、成熟、成功的不竭动力，做终身学习的模范。

“干成事”是一种追求，一种成效，付出才有回报。“干成事”是中层领导在完成任务目标和履行岗位职责中实现的工作数量、质量、效率及其经济价值和社会价值的表现，是德才的真实表现，是必须追求的奋斗目标。“成事”不分大小，将军成将军的“事”，士兵成士兵的“事”，勤于工作，敢于负责，在错综复杂的矛盾面前不患得患失，在接踵而至的工作面前不挑肥拣瘦，在分内分外的任务面前不斤斤计较。要树立“爱干就是德、善干就是能、多干就是勤、干好就是绩”的理念。只有把嘴上说的、纸上写的、会上定的，变为具体的行动、实际的效果，才算工作做到了位、做到了家。

“不出事”是一种品质，一种底线，善始才能善终。中层领导还必须在廉洁奉公上做模范。“会干事”“干成事”是基本职责，但干事而不出事，也是起码的要求。因此，每一名中层领导都要严以律己，始终“廉”字当头，警钟长鸣，树立正确的权利观、义利观，端正干事的动机和目的，始终做到“四自”即自重、自警、自省、自励，“四慎”即慎思、慎独、慎微、慎初，常思贪欲之害，常弃非分之想，常存律己之心，常怀畏惧之感，扎扎实实做事，清清白白做人，干干净净做人。

“好共事”是一种胸怀，一种境界，解决的是“干”的合力问题。任何工作、任何事业，都必须继承和发扬“心齐气顺，风正劲足”的好传统，团结干事。团结出战斗力，团结出凝聚力，团结出向心力，做任何事情，个人的力量毕竟有限，必须充分相信下属、充分依靠下属，团结带领下属，集中民智，凝聚民力，“心往一块想，智往一起聚，力往一处使”，形成共识，共同行动，方能抵达胜利的彼岸。

北京金隅集团股份有限公司就是通过大力营造金隅干事文化氛围，建立健全鼓励干事、支持干事的工作机制，坚持正确的用人导向，凭正确的业绩选领导、用领导，让想干事、肯干事的有舞台，能干事、干成事的有地位，不干事、乱搞事的没市场，让干事之人放开手脚、心情舒畅地去拼搏，形成鼓励干事、善待挫折、激励成功、宽容失误的浓厚氛围，打造人人干事、事事能成、你追我赶、奋勇争先的良好局面，取得了骄人的业绩。

※ 内容小结

（1）执行力的概念：①狭义的角度，完成计划的能力；②广义的角度，完成工作任务的技巧和策略。执行力的内涵：①快：执行的速度；②准：执行的尺度；③狠：执行的力度。

（2）执行力的表现：①执行前（领会力、预测力、计划力）；②执行中（服从力、组织力、创新力）；③执行后（评估力、问责力、调整力）。

（3）执行力强的中层领导应具备的三个标准：个人定位一标杆、工作热情一团火、组织执行一盘棋。

（4）提高执行力的方法：①解放思想（勇于创新，超越领导的预期；统一思想，真抓实干；提升境界，且联系实际）；②提高学习力；③善于思考，掌握工作的主动权；④在细节中求卓越；⑤迎难而上，排难而进；⑥加强责任心；⑦遵守规矩与制度。

※ 研讨与实践

（1）在执行力的九大能力表现中，你的突出能力是什么？能力短板又是什么？

（2）总结最近一次工作任务的执行过程，找到执行不到位的地方，并分析其原因，设计对策。

（3）你所在的企业中是否有对执行效果进行奖惩的规章制度，如果没有，请大致制定一个。

第六章

团队管理，带好兵才能打好仗

不管多么伟大的企业，都必须仰赖员工的贡献才能拥有力量，才能创造出辉煌的成果。

——华特·克莱斯勒（克莱斯勒汽车公司创办人）

团队，不仅仅是人的集合

现今社会，竞争环境越来越复杂，仅仅凭借个人的单打独斗，往往只能遭遇惨痛失败，个人英雄主义时代已经悄然落下帷幕。能够帮助人们取得胜利的，是一个有合力、有实效的团队。人们的工作方式也由此发生了改变，企业开始强调人的协作与资源的配合，重视人与人的关系。团队建设的好坏，关乎企业的后续发展，是凝聚力和战斗力的充分体现。

全球著名的美国宝洁公司，早在20世纪60年代就开展了对团队管理的实践活动，宝洁公司把团队管理模式作为竞争优势的来源，但当时该公司的团队管理实践并没有被外界所关注。

通用汽车公司在20世纪80年代之前的10年间，借鉴日本经验，在公司内部大范围推行团队管理试验，由此一举成功。同时期的摩托罗拉通信公司、福特公司、波音公司和通用电信公司等都纷纷尝试和效仿。

团队管理在20世纪90年代开始成为人们关注的话题。据统计，美国的大部分企业都在实行团队管理制度，还有一些非营利组织也在广泛运用团队管理制度，比如各种研究机构、学校、政府管理机关等。

一、团队的概念

团队是一种组织形态，介于组织与个人之间。它由两个或两个以上的人组成，这些人为着共同的目的而合作。可以这样说，组织、团队、管理之间的联系很密切，有组织，有管理，就会有团队。

二、团队的构成要素

团队的构成要素如图6-1所示。

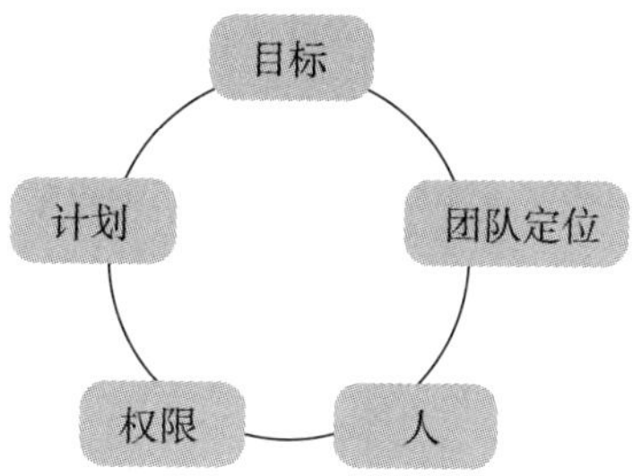

图6-1　团队的构成要素

（一）目标（Purpose）

团队目标为团队成员指明方向，如果团队没有目标，这个团队就没有存在的价值。

团队目标与组织目标必须一致，大目标可分解成小目标，可落实到各个团队成员身上，团队成员要为了这个共同的目标一起努力。同时，目标还应该让团队内的成员都知道，需要最大范围去进行广泛传播。中层领导可以利用这样的目标激励所有的团队成员去努力工作。

管理故事

大自然界有一种昆虫，特别爱吃三叶草。它们在吃草的时候都是集体行动的，第一只趴在第二只的身上，第二只趴在第三只的身上，它们连接起来就像一列火车，由一只昆虫带队去寻找食物。

后来有专家做了一个实验，他把一列火车一样的昆虫首尾相接，组成一个圆圈，在圆圈中间放了大量三叶草。结果，不管昆虫如何努力爬行，依然吃不到这些三叶草。

管理启示

在团队中，如果你失去目标，不知道行动的意义，也就无法明晰该如何去行动，最后的结果可想而知，这个团队就会失去价值和意义。

（二）团队定位（Place）

团队的定位包含两层意思。

1. 团队的定位

中层领导需要考虑以下问题：在企业中团队处于什么位置？由谁负责选择哪些人成为团队成员？团队对谁负责？怎样激励下属？

2. 个体的定位

中层领导需要考虑这个问题：成员在团队中扮演的角色是什么？

（三）人（People）

团队核心的力量是人。

实现目标靠的是人，所以，人员的选择是团队中的关键。在团队中，需要有人善于出主意，有人擅长定计划，有人负责执行实施，有人去安排和协调，还要有人去监督团队工作、评价团队绩效。成员通过分工来合作完成团队目标，中层领导在选择人员时，要考虑人员的能力怎样、技能是不是可以互补、人员的经验如何。

（四）权限（Power）

团队的发展阶段影响着团队领导的权力大小。团队越成熟，领导的权力就会越小，在团队发展的初期，领导权还是比较集中的。

团队权限关系有以下两个方面的内容。

1. 权限内容

权限内容指在组织中团队拥有什么样的决定权。比如，人事决定权、财务决定权、信息决定权。

2. 组织的基本特征

比如，组织的规模大小，团队成员的数量足够与否，组织会给团队以多大的授权，它的业务类型是什么等。

（五）计划（Plan）

计划有两个层面的含义。

（1）实现目标离不开周密的行动方案，计划其实就是完成目标的具体工作程序。

（2）计划可以保证团队实现目标的进度。只有按计划操作，有的放矢，团队才会逐渐贴近目标，从而最终实现目标。

三、团队和群体的区别

（一）群体的概念

群体是指为了实现特定目标而结合起来的2人或2人以上的集合体。成员之间共享信息和资源，共同商讨做出决策，帮助成员个体更好地担负起责任。

（二）团队和群体的差异

团队和群体之间有本质区别，总结为六个方面（见表6-1）。

表6-1　团队和群体的区别

	团队	群体
领导	分担领导权，共享决策权	具有明确的领导者
目标	可以产生自己的目标	组织目标必须保持一致
协作	成员之间的协作性比较强，呈现积极状态	成员之间协作性不强，有时成员相处会呈现消极状态，甚至对立
责任	领导者要负责，每一个成员也要负责，甚至要一起共同负责	领导者责任较大，领导负责制
技能	成员的技能是互补的，从而达到整个团队的有效组合	技能可以相同也可不同，基本随机
结果	集体产品，所有团队成员共同合作完成产品	个人产品，所有成员绩效相加之和

下面四个类型，哪些是团队？哪些是群体？

排球队　　　观影团　　　登山队　　　旅行团

排球队和登山队事实上是真正的团队；观影团是一个群体，而旅行团是由天南地北的人组成的，它只是一个群体。

（三）群体向团队的过渡

群体成为团队需要一个过程，需要一定时间的磨合，一般可分为以下三个阶段。

（1）由群体发展成为假团队。

（2）由假团队发展到已经具备了团队的雏形，即潜在团队。

（3）由潜在团队发展为真正的团队，它具备了团队的基本特征。但是这种团队距离高绩效的团队还有较大距离。

四、团队类型

根据团队目的、自主权的大小，团队通常分成三种类型。

（一）自我管理型团队

自我管理型团队一般由十几个人组成，他们的责任范围大，有较多工作方面的决定权。自我管理型团队对提高企业的绩效作用明显，企业非常需要这种团队。

（二）问题解决型团队

这是一个用来解决问题的团队。团队成员在调研后，就如何提高绩效和改善组织工作环境等问题展开讨论，提出建议或意见并加以执行。20世纪80年代企业流行一种质量对策小组，这种小组由部分员工及主管人员组成，一般10个人左右，他们定期讨论企业所面临的各种问题，调查问题原因，提出解决建议，并采取有效的行动。

（三）多功能型团队

多功能型团队由等级相同、部门不同的员工组成，成员之间互相交换资源和信息，激发新的观点，解决当前所面临的问题。

360类反馈系统是爱必尔诺威在20世纪60年代开发的，该系统运行时需要组建大型的任务攻坚团队，成员来自企业各个不同部门。这些成员的经验、知识、背景和观点不大相同，加上处理的工作任务复杂多样，所以实行这种团队形式，需要相当长的时间去磨合，而且要求团队成员具有良好的个人素质。

优秀团队是什么样子的

一、优秀的团队需要优秀的带头人

团队的领导应具备过人的个人魅力、预见力、魄力，能给团队以明确的目标和方向。一旦领导决断错误，团队很可能会举步维艰，甚至误入歧途，走向失败。所以，一个团队的成败往往取决于团队领导层的优秀程度。

一名优秀的中层领导在团队中应是什么样的？他一边能时刻保持清醒的头脑，立足于自己的岗位踏实做事，提出可供企业高层领导下决定的建议，一边又能站在企业的角度去考虑具体问题，帮助员工认清现在的环境和形势，给他们指明工作目标和达成目标的必要途径。

二、优秀的团队需要有共同的目标

如果你问团队成员："最需要领导为你做什么？"通常会有70%以上的人回答："希望领导指明行动的目标与方向，告诉我们这件事为什么要做，做到何种程度算是成功。"

如果你问自己："最需要你的团队成员做些什么？"相信你的答案是"希望团队成员朝着我给出的目标保持前进、准确执行"。

由此可以看出，目标在团队建设中具有重要作用。想要让团队变得高效、让成员产生自豪感，必须用一个坚定、明确、具备挑战性的目标加以引导。

三、优秀的团队需要有严格的制度

对于一个团队来说，作为管理的基础，严格的管理制度必不可少。如果光讲纪律，没有制度来支撑，那么很难做到精细化管理，一切以制度为准，就能够避免不公正情况的出现，从而保证整个团队管理的公开、公平、公正，这是衡量团队管理好坏的一个标准。简言之，良好的纪律是建立在充满细节的管理制度基础之上的。

四、优秀的团队是互补型的

马云曾在演讲中表示自己最欣赏的就是唐僧师徒团队！虽然《西游记》中的唐僧团队是虚拟的，但师徒历险取得真经的故事家喻户晓。这个团队最大的特点就是互补，领导有权威、有目标，但降妖除魔的能力差；员工有能力，可惜自我约束力差，目标不明确。唐僧师徒团队是一个优势互补团队的典范，它做到了在能力上取长补短，在性格上水乳交融，这是一个珠联璧合、天衣无缝的团队。

贝尔宾博士的优秀团队理论

一、团队角色认知

角色反映一个人在社会中的地位及相应的义务、权利、职责。角色是在社会活动中社会对个人所期望的一种行为模式。一支排球队中需要各种角色的人，比如主攻手、教练、队医等。

英国剑桥产业培训研究部的贝尔宾博士，通过对数千个团队数十年的研究得出——优秀的团队一般由九种角色构成：实干者、推进者、协调者、创新者、监督者、信息者、凝聚者、完美者以及技术专家。

（一）实干者

实干者通常性格相对内向，比较保守的人都通常很实干，他们崇尚努力，做事有计划性和纪律性，忠于公司，能为公司的利益着想。比如，这些人对待客户投诉时，用系统的流程来解决问题是他们所习惯的。

（1）积极向客户介绍自己的职位，表明可以负责这个问题。

（2）询问客户遇到了什么问题。

（3）耐心地聆听客户的不满。

（4）给客户提供一个解决问题的方案，如果客户对方案不满，就准备另一个方案。如果客户都不接受的话，那么就征询客户的意见。

（5）和客户达成一致意见，并且按客户的意见加以实施。

（6）感谢客户提供的意见，改善以后的工作。

（7）在团队会议中介绍经验，告诉其他成员怎么样避免类似的情况发生。

用系统的方法和流程来解决问题为实干者所推崇，因为这种方法计划性较强。实干者务实，有很强的组织能力，他们不会去纠结那些不切实际的言行；但美中不足的是，他们在工作中缺乏灵活性，对未被证实的想法不去探讨或研究，所以在企业革新的过程中会显得力不从心。

（二）推进者

推进者以性格外向者居多，他们有干劲，比较喜欢与人争辩，挑战别人。他们言出必行，做事讲究效率。推进者的目标明确，热情饱满，遇到问题总会有办法。推进者在团队中充满活力，工作精力旺盛，是团队行动的有效成员。推进者在遇到挫折时情绪波动非常强烈，容不得他人丝毫的嘲笑与蔑视。

（三）协调者

协调者具有比较冷静的性格，情绪控制能力强，他们相信自己代表着公众势力，同时代表着成熟、自信和信任。他们能够客观地处理事件，有一种个性的感召力，能够引导群体和团队向着共同的目标努力。协调者如同伯乐，善于发现每个人的优势，并能合理运用。协调者虽不是什么领导角色，但也能成为团队核心，大家愿意团结在他的周围，听从他的意见。但是，很多协调者的个人能力属于中等，其他方面没有优势。团队目标任务完成时，协调者很可能觉得这是他的功劳。

（四）创新者

创新者多数性格内向，工作方式奇异，观念新，思路开阔，创造力丰富，有很强的想象力。他们常常有创意之举，能在团队中提出一些新思路，这对企业或团队开拓发展很有帮助。创新者通常在团队陷入困境的时候显得特别重要。创新者有时会表现得好高骛远，点子不少，但不见成效，创新想法缺乏可操作性。

（五）监督者

监督者多数表现得理智、严谨和冷静，不会轻易出现情绪波动。他们做决定时非常谨慎缜密。凡事都要找出一些问题，喜欢批判。一个优秀的监督者在团队中的作用非常明显，工作中很少出错。他们善于权衡利弊，做出决定，并善于分析和评价。

（六）信息者

信息者性格多数外向、热情，善于交往，富有好奇心，对外界信息特别敏感。团队里的信息者可以调查团队内外的意见或事件的进展。外联和持续性的谈判工作很适合他们。谈判时他们可能会察觉到对手的底牌、漏洞。信息者对具体程序化工作兴趣不大，他们的注意力容易转移到新事物上，所以说信息者极容易喜新厌旧。

（七）凝聚者

凝聚者是团队中温文尔雅的人，他们善于交际，处事灵活，能与群体融合，适应环境能力强。他们通常在团队当中甘愿自我牺牲，不会发表不当言论。他们最可贵的是善解人意，总能够理解和支持他人。当团队内部矛盾和冲突比较多的时候，凝聚者就会发挥巨大作用。凝聚者在团队中是润滑剂，备受周围人群的欢迎。凝聚者的缺点在于，关键时候犹豫不决，处理事情举棋不定，他们怕冒风险，怕影响到人际关系，他们不太愿意承担有压力的工作，缺少担当。

（八）完美者

完美者追求卓越，始终做第一中的第一。他们通常性格内向，苦干尽责，能主动、自发地去工作。他们做事持之以恒，注重细节，力求完美。对于团队中重要的任务，完美者起着不可估量的作用。因为完美者对工作的标准很高，总是担心下属工作不力，所以喜欢事必躬亲。另外，他们偶尔会为小事而纠结，事事追求完美，过分注重细节甚至有点吹毛求疵。

（九）技术专家

技术专家属于乐于奉献者，他们热衷于本职工作，并且为自己的专业和技能而感到自豪。团队的产品或服务离不开他们提供的专业支持。因为过分专注技术而忽略大局是他们的一个通病。

上述九种角色，每一种角色都有其优劣，无论什么角色，在团队中没有最重要只有最需要。团队的意义就在于角色的互补。中层领导在团队中要客观地给下属们定位角色，让他们协作互补，形成合力，才能最大限度地发挥团队的威力。

二、团队建设中的人才搭配

通用电话电子公司董事长查尔斯·李在谈到团队建设的重要性时，曾表示：最好的CEO通过构建他的团队来达成梦想，即便是迈克尔·乔丹也需要队友来一起打比赛。如何才能做好人才搭配工作呢？以下几方面需要注意。

（一）明确每个人的职责

团队成员因工作不同，扮演的角色也不同，各个角色都有各自的职责。领导是以协调、激励、沟通、传达资讯为主要职责。顾问的主要职责是加强团队成员间的合作，协助定出工作绩效的标准和内涵等。团队里的每个角色都很好地尽责，团队才能达到自己的目标。

（二）组建团队时注重优势互补

每个人都有自己的优点和缺点，团队中的每个角色也一样。优点和缺点总是并存的，如果你不接受某人的缺点，也就无法利用他的优点。团队成员要学会取长补短。让团队的每一个成员，把优点都最大限度地发挥出来，同时限制其弱点带来的负面影响，是团队整体必须共同努力的。

作为团队的一员，各个方面都达到团队的完美要求是不可能的，但团队可以通过角色互补来实现完美。这就要求中层领导在组建团队时，把具有互补性的成员尽可能地搭配在一起。组建团队的关键，是要找到与人才特征相契合的角色，这一点很重要。

（三）执行工作时发挥团队优势

笔者不否认团队里人才的个人作用，明星式的高级别人才的作用更不可估量。可有一点必须清楚，人才再怎么优秀，脱离了团队，不参与团队协作，作用就得不到有效发挥。人才只有与其他成员形成合力，才能发挥出应有的惊人作用。

团队能力就是人才的能力，团队能力是团队成功的关键。团队能力的高低，看其人才的组合是不是合理，决定于其人才的互补与协作，而不是要求各个成员都是经天纬地之才。古语云："三个臭皮匠顶个诸葛亮。"说的就是互补协作的道理。

团队协作：1+1+1+1+1>5

一、如何培养团队的协作精神

团队的灵魂就是协作，如果团队缺乏协作，这个团队就没有存在的意义。培养团队的相互协作精神，可从以下几个方面考虑。

（一）鼓励合作精神

"前进的最佳方式是与别人一道前进。"这是美国前总统肯尼迪曾说的话。中层领导要通过合作来消除分歧、形成一致，建立一种互信的组织运行模式。

（二）制定合作规则

在团队中，要防止出现成员产生不公平感，否则成员就会很难合作。因此，中层领导要想推动合作，必须采取公平的管理原则，制定一个被大家认可的合作规则。

（三）建立长久的互动关系

中层领导要努力创造环境，使团队成员之间加深相互了解，并且提高信任度，增强团队凝聚力。例如，可以开展竞赛、组织培训、举办激励性的活动等，使成员们互动起来。

（四）强调长远利益，建立共同目标

共同追求的、有意义的目标是有效的团队协作所需要的，它能够为团队成员提供动力、指引方向，直至使其愿意贡献力量。此外，要让团队成员相信自己的个人利益和团队的目标是一致的，这样团队成员的眼光就会长远一些，能够正视短期的得失，会以积极的协作来共同努力实现目标。

二、实现团队协作的要素

实现团队协作的要素如图6-2所示。

团队文化

- 团队协作的基础

团队精神

- 团队协作的动力

团队学习

- 实现团队协作的途径

图 6-2　实现团队协作的要素

（一）团队文化——团队协作的基础

1. 团队文化

团队在发展过程中形成的团队成员所共有的行为规范和思想价值观念就是团队文化。团队文化会受到企业文化和制度的影响，但团队文化和企业文化与制度又是有区别的。团队规模小，成员交流频繁，等级区别不明显，在长期的团队成员协作过程中，这种潜在的团队文化影响将作用于企业。

2. 构成团队文化的要素

团队文化的两大要素：一是民主和平等，二是信息和知识。

有了民主和平等，团队成员就能享有同等的决策权和发言权，团队成员之间的关系也会改善，团队成员的工作会更有效率。

信息和知识让团队成员一清二楚地了解到整个团队的工作过程，如此一来团队成员才能提出有价值的建议和意见。

只有民主和平等，没有信息和知识，民主和平等就不会实现；只有信息和知识，没有民主和平等，信息和知识就不能被利用。民主和平等、信息和知识，是所有团队文化所必须具备的，但同时还会受到组织和团队各种因素的影响，因此没有两个团队的文化是一模一样的。

（二）团队精神——团队协作的动力

1. 团队精神

人们通常觉得团队精神就是大家为了团队的利益与目标而表现出的作风。它来自团队文化，但又高于团队文化，它是组织文化与精神的创新性应用。

团队精神是团队成员为了同一个目标，优势互补，分工合作，以致达到不分彼此、心领神会的境界。团队精神是成员之间的宽容和接纳，是思想上的共鸣和行动上的默契。团队精神不是形式上的整齐划一，而是成员思想、心态的高度整合，是人与人共同的心理感应。

美国篮球天才乔丹的个人表现十分出色，但当时他所在的公牛队只凭他一人是不能夺得NBA（美国职业篮球联赛）冠军的，领会到团队精神的重要性，并付诸实践，公牛队才开始称霸NBA。可见，团队精神不是个人英雄主义。但若在一个集权的组织里，少数服从多数，造成个体的趋同心理，抹去个性，也会令个体失去创造力。而团队的业绩最终来源于个体能力的发挥。

团队精神是个人与集体的融合，既要看到集体利益，也不能忽视个人利益，追求个人与集体的同步发展，追求群策群力的合力。

2. 如何培养团队精神

（1）制订共同的目标。

柳传志曾经表示：中国有很多优秀的人才。他们好比一颗颗珍珠，需要被一根线连接起来，组成一串美丽的项链。这根线就是企业的共同目标。这个目标能够引导大家共同去追求、去努力。一个团队也需要共同的目标。

（2）进行良好的团队沟通。

沃尔玛总裁曾经表示，如果你想将沃尔玛体制浓缩成一个思想，那就是沟通，因为它是沃尔玛成功的关键。一个优秀团队不可或缺的重要条件就是团队内部良好的沟通协调。曾有人对46家公司做过一项研究，研究表明，团队沟通的贫乏和行政的混乱导致了企业对商业机会反应迟钝。一个团队或一个公司要把沟通当作优先事项，让每个员工都重视交流；为员工提供上下级交谈的机会；建立一个和谐信任的氛围。这三个重要条件可以让团队达到有效沟通。

（3）建立公平公正的考评与激励机制。

考评成员绩效要从团队和成员两个角度进行。从团队角度出发，当然要着眼于整个团队的绩效，这也可以间接地反映成员的绩效；从成员角度出发，则注重成员对团队的贡献，这也防止团队中出现“滥竽充数”的人或行为。

（4）培育优秀的团队文化。

组织文化是塑造团队文化的基础，团队精神又是团队文化的升华。因此，优秀的组织文化在培育团队精神方面有着重要意义。

（5）发挥组织领导者的作用。

组织文化的建设需要中层领导充分关注。中层领导还能够通过正式领导和非正式影响两种方式作用于团队成员，从而打造团队精神。

（三）团队学习——实现团队协作的途径

1. 团队学习的动因

当今社会变化日新月异，全球经济一体化使企业竞争日趋激烈，任何一个组织为了生存和发展，都需要向学习型组织转变。学习型组织更是组织发展的需要。

彼得·圣吉曾在其书中表示：在全世界竞争风潮下，人们越来越发现21世纪成功的关键与20世纪及以前的成功关键很不一样。在过去，天然资源是一个国家经济发展的关键，而传统的管理系统也只不过被用来开发这些资源。然而，那样的时代正逐渐远去，人们的创造力的发挥现在已经成为管理者的努力重心。由此可见，这种创造力显然应该是一种团队力量，而不是个人力量。

人们已认识到知识可以转化为生产力。知识更新的速度也是一日千里，知识转化为生产力的时间大幅度缩短，这就使组织的学习迫在眉睫，而且要赶上知识更新的速度。

人们的工作态度由“工具性”逐渐转变为“精神性”。人们为了在团队或组织里实现自我，就有必要学习新的知识和技能。同时，学习也能满足成员的进步心理，提高工作效率。

2. 团队学习的意义

团队学习能提高成员彼此间有效搭配、互补协作与实现共同目标的能力，关系到团队中知识创造和知识共享的有效性，是团队持续发展的动力。

3. 团队学习的方法

（1）真诚地进行交谈。

团队成员之间要彼此用心聆听并不断反思，真诚交谈，撇开主观思维，从而有创造性地、自由地探讨重要和复杂的问题。进行真诚交谈有三个条件：一是伙伴关系，即所有参与者视彼此为工作伙伴，这样才能在团队成员之间形成良好的学习气氛；二是悬挂假设，参与真诚交谈的人将自己对问题的假设完全地公开出来，接受参与者的询问，并检测这些假设；三是设立“辅导者”，把握会谈的过程和方向，在真诚交谈中，讨论是不可或缺的，这样才会有效果。美国著名的商业学者埃内斯托·戈雷认为组织是由交谈构成的。团队也是如此。有一点需要注意，团队交谈应该建立在团队成员平等、自由、友爱的基础上，这可以影响到团队文化。

（2）组织相关培训。

提高技能、获取知识、改进态度等，也都可以通过培训指导活动实现，这些培训活动通常只限于专业提高的需要。

（3）树立标杆，学习效仿。

标杆学习是一种行为学习。标杆可分为三种：外部标杆、内部标杆和顾客标杆。外部标杆是值得学习的外部组织，比如优秀的竞争对手。内部标杆可以是组织内、团队外的，也可以是团队内的，可以是员工或中层领导，只要成功过，就值得作为榜样去学习效仿。顾客标杆是以顾客为目标，了解顾客的需求，观察顾客的言行。

谁可能是团队建设的阻力

中层领导在组建团队的过程中，也会遇到一些困难和阻力。

一、来自组织结构的阻力

（一）传统的等级官僚体制

团队组织主张自上而下的管理方式，而团队常常需要有自主权。可以说，团队是对传统组织结构的挑战。

（二）信息传递比较单一

传统组织结构信息传递比较单一，往往是自上而下的。而团队中的个体之间、团队之间信息传递可能是自上而下的，也可能是自下而上的，甚至可能是在平级当中进行传播的。

（三）死板而没有风险的企业文化

成熟的企业都会支持有风险的、有益的尝试和探索，这也算是未雨绸缪，这可以为企业的生存和发展带来新的路径和思路，其实是一种不错的尝试。

（四）部门间各自为政

传统的组织结构中的部门有生产、销售、客户服务等，各部门都有自己的职责，缺乏平行交流，由此带来了许多问题。比如，销售部门没有业绩，就会责怪生产部门产品次品率太高；生产部门说研发部门生产的工艺和流程有问题；研发部门却认为自己所设计的产品最具有竞争力。

如此就会导致组织的堕落、衰退，不过团队有时可以整合这些力量。以前市场研发是由研发部门自己承担，今天的研发部门成员来自各个不同部门，是跨部门的团队合作，只有这样研发出来的产品在生产、销售、客服等环节中才能被人们接受。

二、来自管理层的阻力

来自管理层的阻力如表6-2所示。

表 6-2　来自管理层的阻力

管理层担心团队会让他们失去原有的权力和地位
管理层担心组织机构不再需要他们了
管理层认为没有及时授予团队权威和责任
管理层没有及时提供足够的培训和支持
管理层没有及时传达企业的总体目标，并设计出相关的细则

三、来自个人的阻力

来自个人的阻力如表6-3所示。

表6–3　来自个人的阻力

既然强调团队的贡献，那么个人的贡献谁来承认？个人的成就感从哪里来
如果在团队中保持合作，无法确定个性怎么发挥，个人优势怎么得到认可
个人害怕团队会给他带来更多的工作
团队成员害怕承担责任
担心团队成员在一起工作时会出现新的冲突

团队建设的重要一环是在组织内培养和弘扬每一个人的工匠精神，让其兢兢业业、踏踏实实、专注创新，工匠精神是团队精神的重要组成部分，工匠精神是实现工业4.0的精神基础。

※ 案例及分析

一次，惠普公司运动队（简称惠普队）和联想集团运动队（简称联想队）进行比赛。惠普队强调要注意安全，齐心协力完成任务。惠普队在攀岩中几次遇险，尽管大家齐心排除险情，完成了任务，但因为耗时过长，最后还是落败了。联想队则把优势队员和劣势队员进行了调整组合：打头阵的是身手敏捷的队员，动作迟缓的队员则被安置在中间，殿后的是具有攀岩经验的队员。于是，联想队迅速完成了任务，取得了胜利。

分析

团队成员优势互补，发挥特长，才能取得最佳效果。

※ 内容小结

（1）团队是一种组织形态，介于组织与个人之间。它由两个或两个以上的人组成，这些人是为着共同的目的而合作的。团队由目标、团队定位、人、权限和计划构成。团队和群体在领导、目标、协作、责任、技能和结果这六个方面有极大区别。团队可以分为自我管理型团队、问题解决型团队、多功能型团队三种类型。

（2）优秀团队的核心理念：①优秀的团队需要优秀的带头人；②优秀的团队需要有共同的目标；③优秀的团队需要有严格的制度；④优秀的团队是

互补型的。

（3）优秀的团队一般包括九种角色：实干者、推进者、协调者、创新者、监督者、信息者、凝聚者、完美者以及技术专家。团队建设中的人才搭配要点：①明确每个人的职责；②组建团队时注重优势互补；③执行工作时发挥团队优势。

（4）团队建设离不开协作精神的培养，培养方法是：①鼓励合作精神；②制定合作规则；③建立长久的互动关系；④强调长远利益，建立共同目标。实现团队协作的要素：①团队文化——团队协作的基础；②团队精神——团队协作的动力；③团队学习——实现团队协作的途径。

（5）在组建团队的过程中会遇到一些困难和阻力：①来自组织结构的阻力（传统的等级官僚体制、信息传递比较单一、死板而没有风险的企业文化、部门间的各自为政）；②来自管理层的阻力；③来自个人的阻力。这些阻力需要被重视并化解。

※ 研讨与实践

（1）说出你和其他人通过协作完成的某一件事情。

（2）你所在组织或团队有什么样的文化特征？这对目标的达成有没有促进作用？

（3）你在团队中扮演什么角色？你清楚自己的职责吗？

第七章

现场管理，在事无巨细里精益求精

高标准，精细化，零缺陷。

——张瑞敏

非常成功的现场管理模式：精益制造

一家传统老牌制造企业，因为现场管理混乱，整体效益低下，处在破产边缘，岌岌可危。生产线上的员工表面上看起来都忙得不可开交，但仔细一看，完全是另一番模样：现场环境脏乱差、员工们衣着不规整、设备耗材随意摆放、存在各种电路安全隐患。上级领导基本不会出现在现场进行检查督导，导致员工们失去主动性与积极性，执行能力低下，每天的实际产量很低；员工们也没有工作方向和个人目标，整天浑浑噩噩地混日子。

在现场管理精益化之后，企业找出这些现象的问题根源，确认了解决问题的有效途径，用新的工作程序进行标准化管理，所有的矛盾和问题都消失了。

现场是企业生产运营活动的发生场所，是生产制造的第一线，是基层员工活动的主要环境，是人们最能直观地看到一个企业正规与否的地点。管理缺失、环境脏乱、员工懒散，这样的企业必然无法获得更好的发展前途。良好的现场管理模式可以创造一个良好的工作环境，使员工能愉快地工作，保障生产活动的正常运作，消除安全事故隐患，从物的方面提高质量和产量，从人的方面提高工作技能和工作水准。做好现场管理，也是企业提升竞争能力的重要手段。

工业 4.0 大背景下，现场管理是实现智能生产的必备基本元素，智能工厂，就是利用各种现代化的技术，实现工厂的办公、管理及生产的自动化，达到加强及规范企业管理、减少工作失误、堵塞各种漏洞、提高工作效率、进行安全生产、提供决策参考、加强外界联系、拓宽国际市场的目的。

精益制造是一种非常成功的现场管理模式，是衍生自丰田生产方式的一种管理哲学。精益制造包含了及时响应（Just-in-Time，JIT）、约束理论（Theory of Constraints，TOC）、精益生产及敏捷制造的概念，同时与以减少错误为目的的六标准差（Six Sigma）互相补足。精益制造主要专注于客户的增值项目、减少生产的废弃物以及不断改进生产过程的方法。

精益制造还强调，员工也可以一起参与其中。员工可以在生产过程中提出意见，以改善制造的过程，这亦有助于提高员工的积极性及生产效率。

丰田公司在探索新的生产模式的过程中发现，小批量生产比大批量生产成本更低，而造成这种现象的原因有两个：第一，小批量生产不需要大批量生产那样储备大量的库存、设备和人员；第二，在装配前，只有少量的零件被生产，发现错误可以立即更正。根据后一个原因，丰田得出结论，应该将产品的库存时间控制在两小时以内，这就是准时生产和零库存的雏形。

丰田成功地通过精益生产把精益制造模式落到实处，“精”表示精良、精确、精美；“益”表示利益、效益等。精益生产就是及时制造，消灭故障，消除一切浪费，向零缺陷、零库存进军。它是美国麻省理工学院国际汽车计划组织的专家提出来的。他们在做了大量的调查和对比后，认为日本丰田汽车公司的生产方式是最适用于现代制造企业的一种生产组织管理方式，称其为精益生产，以针对美国大量企业生产方式过于臃肿的弊病。

精益生产是通过系统结构、人员组织、运行方式和市场供求等方面的变革，使生产系统能很快适应用户需求的不断变化，并能使生产过程中一切无用、多余的东西被精简，最终达到包括市场供销在内的生产的各方面最好结果的一种生产管理方式。以最终用户的需求为生产起点，强调物流平衡，追求零库存，要求上一道工序加工完的零件可以立即进入下一道工序。

精益文化是工匠精神的完美诠释。华为公司是世界知名电信设备制造企业，用短短的30多年时间从一家默默无闻的民营企业以踏实专注的工匠精神、精益精神成长为世界范围内受人尊敬的伟大企业。

精益生产的全面质量管理，强调“质量是生产出来而非检验出来的”，由生产中的质量管理来保证最终质量。生产过程中，对质量的检验与控制落实在每一道工序中。重在培养每位员工的质量意识，在每一道工序进行时注意质量的检测与控制，保证及时发现质量问题。如果在生产过程中发现质量问题，根据情况，可以立即停止生产，直至解决问题，从而保证不出现对不合格品的无效加工。

精益生产将生产中的一切库存视为“浪费”，同时认为库存掩盖了生产系统中的缺陷与问题。它一方面强调供应对生产的保证，另一方面强调对零库存的要求，从而不断暴露生产中基本环节的矛盾并加以改进，不断降低库存以消灭库存产生的“浪费”。基于此，精益生产提出了“消灭一切浪费”的口号，追求零浪费的目标。

精益制造不仅仅局限于企业内部，而是涉及整个供应链，精益供应链管理应运而生。精益供应链订单驱动采购模式如图7-1所示。

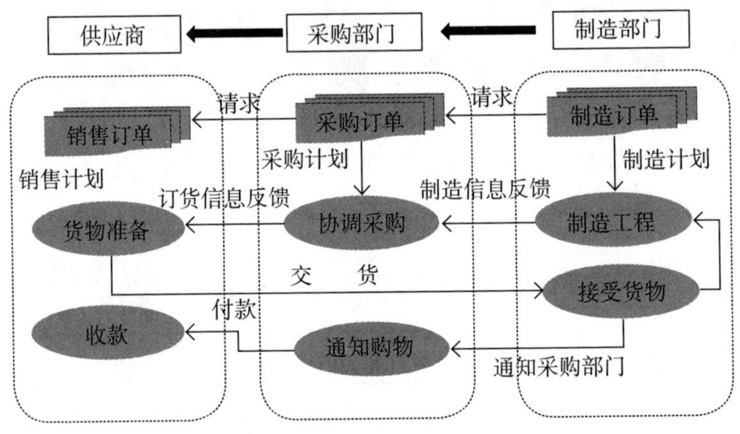

图7-1　精益供应链订单驱动采购模式

在精益企业中，供应商是企业长期运营的宝贵财富，是外部合伙人，供应商与企业信息共享，风险与利益共担，一荣俱荣、一损俱损。遗憾的是，很多国内企业在实施精益制造时，与这种精益理念背道而驰，为了达到零库存的目标，将库存全部推到了供应商那里，弄得供应商怨声载道：“你的库存倒是减少了，而我的库存却急剧增加。”精益制造的目标是降低整个供应链的库存。

不花力气进行流程改造，只是简单地将库存从一个地方转移到另一个地方，是不解决任何问题的。当你不断挤压盘剥你的供应商时，你还能指望供应商提供任何优质的支持和服务吗？到头来受损的还是你自己。如果你是供应链中的强者，应该像丰田一样，担当起领导者的角色，整合出一条精益供应链，使每个人都受益。

现场环境管理（5S）

一、5S的定义与实施要点

5S起源于日本，是日本企业独特的一种管理办法，广泛应用于制造业、服务业中，用于改善现场环境和员工的思维方法。

正确和全面地理解5S的基本概念是企业顺利推行5S活动的基础。5S是指对生产现场各生产要素（主要是物的要素）所处状态不断进行整理、整顿、清洁、清扫和教养的活动。由于整理（Seiri）、整顿（Seiton）、清扫（Seiso）、清洁（Seiketsu）和教养（Shitsuke）这五个词日语中罗马拼音的第一个字母都是“S”，所以简称5S。

5S的成功推行，就是要处理好整理、整顿、清扫、清洁以及教养过程，掌握各个步骤的实施要点。

（一）整理

1. 整理的定义

整理是改善生产现场的第一步，是指对生产现场摆放和停滞的各种物品进行分类，把需要与不需要的人、事、物彻底分开，再把不需要的人、事、物进行酌情处理。

2. 整理的目的

整理的目的在于改善和增加作业面积，保障现场无杂物、行道通畅，以便提高工作效率；减少混放、混料等情况，降低差错事故的发生概率；减少库存，节约资金；帮助作业人员养成善于观察的习惯与坚决果断的意识，改变“先留着吧，以后可能会用得到”的传统观念。

3. 整理的实施要点

（1）区分物品要与不要的方法。

一般可以将物品划分为不用、很少用、少使用、经常用这四个等级，具体情况如表7-1所示。

表7-1　物品的四个等级

区分等级	使用频率	处理结果
不用	不能使用	及时清理出工作场所，进行废弃处理
	不再使用	
很少用	可能会再使用（一年内）	及时进行清理，存放于储存室，需要使用时再取出来
	6个月到一年左右使用一次	
少使用	1个月到3个月左右使用一次	存放于储存室
经常用	每天到每周使用一次	存放于工作场所附近

（2）整理的重点对象。

工作场所中需要重点整理的物品：用剩的材料、多余的半成品、料头、切屑、垃圾、废品、多余的工具、报废的设备、操作人员个人生活用品等。

办公场所中需要重点整理的物品：办公桌及文件柜中的物品、过期的表单和文件资料、私人物品以及堆积严重的物品。

（二）整顿

1. 整顿的定义

整顿，即是人和物放置方法的标准化，关键是要做到定物、定位、定量。具体来说，就是把需要的人、事、物加以定位和定量，对生产现场需要留用的物品进行科学合理的布置和摆放，并设置明确的、有效的标识。

2. 整顿的目的

尽量腾出作业空间，使得工作场所一目了然，方便目视管理，据此提炼出适合本企业的物品的放置方法，以此实现规章、制度、流程的简单有效，以及所需之物的快速获取，比如在30秒内就可找到要使用的物品。做好整顿工作，有利于提高工作效率，提高产品质量，保障生产安全。

3. 整顿的实施要点

（1）定物。

定物，即为了保证工作场所中的物品都是工作过程中所必需的，所以选择保留需要的物品，同时将大部分不需要的物品转入储存室或者进行废弃处理。

（2）定位。

定位，即根据物品的使用频率、使用便利性，决定物品所放置的场所。比如妥善放置各种消耗性用品，抹布、手套、扫把等。定位摆放使用频率越低的物品，通常都应该放置在距离工作场地越远的地方。

（3）定量。

定量，即确定保留在工作场所或其附近的物品的数量。以不影响工作为前提，物品数量应该越少越好。

（4）合理标识。

对物品进行定物、定位、定量之后，还需要解决两个问题：物品放在哪里？处于什么场所？因此应该采用不同的颜色对物品添加合理的、醒目的标识，比如将文件、档案分类、编号或者按照颜色管理。目的是令使用者熟知各个物品的位置，其他工作人员对物品的摆放一目了然，从而减少选择物品的时间。

（5）整顿的具体做法与效果。

在对物品进行整顿时，人们应该为必要的物品规划合适的放置位置和放置方法，并设置相应的醒目标识。这样，使用者就能够清楚地了解物品的位置。

（三）清扫

1. 清扫的定义

清扫，即是根据整理、整顿的结果，按照企业具体情况决定清扫对象、清扫人员、清扫方法，把工作场所打扫干净，将不需要的部分清除掉，对出现异常的设备立刻进行修理。清扫活动的原则是自己清扫自己使用的物品，并且着眼于维护保养设备。

2. 清扫的目的

在生产过程中，现场中会产生许多灰尘、油污、铁屑、垃圾等，这些污染源的存在会影响到设备的精度，导致机器故障、产品残次，甚至引发安全事故，不能听之任之，必须通过清扫活动来清除那些杂物，保证安全、优质、高效的工作。

3. 清扫的实施要点

（1）清扫从地面到天花板的所有物品。

不管是目之所及的地方，还是不常看到的地方、各种卫生死角，都需要进行认真彻底清扫，这样才能保证整个工作场所的整洁。

（2）发现机器上的脏污问题。

工作人员需要对机器设备进行定时清洗、上油，拧紧螺丝，以免累积的灰尘、油污与锈迹影响到机器设备的正常运转。

（3）彻底修理机器和工具。

不管是品质多好的机器和工具，在使用过程中都会受到不同程度的损伤，彻底修理出现缺陷、破损、故障的机器和工具，也是清扫活动的一部分。

（4）杜绝污染源。

清扫无法彻底完成的重要原因之一就是污染源的存在，比如粉尘、刺激性气体、噪声等。想要事半功倍地做好清扫工作，必须将这些污染源解决好。

（四）清洁

1. 清洁的定义

在整理、整顿、清扫之后，还需要对现场进行随时随地的认真维护，保持其完善和最佳的状态，清洁是对前三项活动的坚持和深入，不只是上下班前后才需要去做的工作，千万不要只做表面文章，要牢记“只有在清洁的工作场所才能生产出高效率、高品质的产品”。

2. 清洁的实施要点

清洁活动的要点是：坚持“三不要”的原则（不要放置无用物品、不要弄乱、不要弄脏）；需要保持清洁的不只是物品，还包括现场操作人员，要做的是形体上的清洁与精神上的清洁。可以利用“一看便知”的方法来标示放置物品位置与人员着装，比如标准化的标示牌、标示线等。在发现不符合5S要求的现象时，还可以使用“红牌作战”的方法，就地张贴“红牌”进行警告，责令整改。还要使用查验表记录检查结果、改正措施和清洁结果。

（五）教养

教养指的便是提高员工素质，让其奉行团队精神，养成严格遵守规章制度的习惯和作风。教养是5S活动的核心，5S活动始于素质，也终于素质。假如员工缺乏自觉行动的思维、遵守规则的习惯，那么其他活动也无法顺利开展，推行5S活动只能流于形式，很难长久持续。

特别需要注意的是，整理与整顿、清扫和清洁等概念看起来类似，在理解上容易被混淆，图7-2可以提供一定帮助。

整理：要与不要，一留一弃
整顿：科学布局，取有快捷
清扫：清除垃圾，美化环境
清洁：洁净环境，贯彻到底
教养：形成制度，养成习惯

图7-2　5S口诀

二、推行5S活动的有效步骤

推行5S活动的有效步骤如表7-2所示。

表7-2　推行5S活动的有效步骤

步骤	执行事项	责任者
计划	收集资料，观摩他厂 引进外部顾问协助 规划总体行动目标 设计训导活动方案 设计日程推动方案 区域划分 整顿实施规划 设计5S周边设施（如看板）	管理部或者5S活动干事

续表

步骤	执行事项	责任者
组织	成立推动委员会 划分各部门权责 划分部门主管权责 执行评述作业 支援行动杂务 协助改善工作	经营者
宣传	开展5S活动讲座 征集标语，举办主题征文比赛 制作海报、推行手册 带领相关人员参观工厂 举办主题图文展览	5S活动干事
整理作战	找出不被需要的东西 检查不合理放置，“红牌作战” 整体大扫除 登记、分类、整理废弃物 统计成果	各部门主管
整顿作战	定位 标示 画线 建立全面目视管理	各部门主管
推动方法实施	经营者公布决策 举办全员情况说明会 试行具体条款公告，要求全员配合	5S活动主任委员
方法讨论修正	收集并记录问题 每周例会，反思不足，修正条文	5S活动干事
考核评分	日评核 月评核 纠正、申诉、统计、评价	各评审委员

续表

步骤	执行事项	责任者
上级巡回诊断	最高主管或顾问亲自巡察，周期为一个月、一季度 记录并说明巡察诊断结果	经营顾问
检讨与奖励	定期检讨并记录对策 全员统计，宣布成绩 运用锦旗加以激励 运用精神与实物加以奖励	5S活动干事

在5S的实际推行过程中，不少企业发生过“一紧、二松、三垮台、四重来”的现象。所以开展5S活动贵在坚持，5S实施的关键是中层领导和基层员工能够共同参与，并掌握相应的工作方法与技巧，建立配套的奖罚措施。同时，要贯彻自我管理的原则，充分依靠现场人员来创造良好的工作环境。

现场设备管理（TPM）

一、TPM的概念

TPM，意指全员生产维护（全员生产保全），是一种全体人员参与的设备保养和维修管理体系，目的是提高设备综合效率、预防隐患并维修全系统。

设备，指的是为保证正常生产所配置的技术装备、仪器、仪表、试验、检测及控制设施等可供长期使用的劳动资料和物质资料。

设备管理，指的是对所使用的设备，从正式移交生产现场投入生产开始，到设备的操作、运行、维护、保养，直至报废或调出为止，对这样的整个过程进行的一系列组织管理工作，主要工作内容是设备的使用、点检、维护、保养。

二、TPM——自主保养

作为深化推行TPM的一个重要部分，自主保养，就是企业员工自主地对企业现场设备实施全面的管理、维护和保养，它是生产现场操作人员的自觉行为，源于良好的工作习惯和职业素养。

具体来说，自主保养是通过日常操作逐渐熟悉设备构造和性能，充分利用人的感觉，比如听、触、嗅、视、味觉，对设备进行检查、排查、故障诊断，同时训练加油、紧固等维修技能，旨在设备发生小故障时，操作人员可以进行及时自行修理。

自主保养体系的养成需要稳扎稳打、有条不紊，主要分为以下七个步骤（见图7-3）。

- 培养初期清扫习惯
- 应用技术与难点攻关
- 建立自主管理体系
- 实施总点检
- 实施自主点检
- 实施整理与整顿
- 彻底完善自主管理体系

图7-3　自主保养体系的养成步骤

（一）培养初期清扫习惯

1. 初期清扫的目的

初期清扫是清洁的开始。操作人员自己动手，通过清扫活动彻底清除常年堆积的灰尘、污垢，寻找出潜在的缺陷，加以及时有效的处理，恢复设备的本来面目，使现场达到最能有效开展工作的状态。

2. 初期清扫的方法

初期清扫应该以设备为主体，扫除干净设备上面的垃圾、灰尘、油污、切削屑等，同时拆除不必要、近期不使用的物品或设备。在清扫过程中进行点检时，着眼点是与设备故障缺陷相关的部位和问题，通过清扫、给油、锁紧重点螺丝、写标签、取标签等措施对设备进行整备。

（二）应用技术与难点攻关

1. 应用技术与难点攻关的目的

应用技术与难点攻关的目的有以下几点：消除废弃物、尘埃、污垢的产生源；彻底解决难以清扫的部位和易于污染的部位，取得实质上的效果，缩短作业时间，设计相应的清洁工具和方法对付难以清扫的部位，设计防护罩对付易于污染的部位；拓展思维，学习更多维护设备、提高效率的方法。

2. 应用技术与难点攻关的方法

其一，分析废弃物、尘埃污垢的产生源现状，找出各自原因，确定相应处理对策，有条不紊地解决。其二，教会现场操作人员点检与保养设备的方法，培养他们良好的工作习惯。

（三）建立自主管理体系

1. 建立自主管理体系的目的

建立随着外界条件的改变进行相应的变化的自主管理体系是防止设备劣化的基本条件。

2. 建立自主管理体系的方法

掌握设备应该保持的基本现状之后，需要继续进行的工作是清洁、润滑、紧固的标准和规范，以及实践和创新目视化管理，这些都是进行基础保养和防止劣化的有效措施，是自主管理体系的基础环节。

（四）实施总点检

1. 实施总点检的目的

TPM小组长以维护主管编制的总点检手册作为教材，进行点检程序的培训，尤其是点检技能的教育，以此提升操作人员检查异常的技术水准，这是培养优秀工人的好方式。

2. 实施总点检的方法

从单体机械入手，主要针对螺丝、螺母、润滑、油压、空压、电气、驱动、安全、加工条件等内容进行，找出设备中的细微缺陷与故障，展开总点检的实施，加以处理，令设备恢复到最佳状态，并把设备改善成容易点检（便于目视管理）的状态。

（五）实施自主点检

1. 实施自主点检的目的

通过有针对性的训练，比如实施制造程序的性能、操作调整法、异常处置法等，培养对于设备的结构和性能更加熟悉的操作人员，养成以区域为单位的定期点检习惯，可以缩短总点检时间。

2. 实施自主点检的方法

自主点检的重点方法是目视管理，即对设备的基本条件、准备情况、弱点部位的改良和对策等进行再确认。

（六）实施整理与整顿

1. 实施整理与整顿的目的

作为部门经理和车间主任的任务，整理与整顿就是识别应该加以管理的工作场所并确定相应的标准，目的是明确系统流程，减少、简化需要管理的内容，确立现场物流及备品、工具、半成品、成品资料等的自主管理体制，在企业贯彻实施自主保养活动，并使其标准化、规范化、目视化。

2. 实施整理与整顿的方法

整理与整顿的主要工具是活动看板、小组会议、重点教育。

（七）彻底完善自主管理体系

1. 彻底完善自主管理体系的目的

降低成本，排除浪费，更进一步改善设备，旨在实现“零事故、零故障、零短暂停机”，同时将自主管理上升为管理规范，彻底改变现场操作人员的工作习惯和态度，使其能够持续自觉地进步，充满自信和成就感。

2. 彻底完善自主管理体系的方法

将“坚持自主保养”作为生产部门的工作任务，记录保养情况并加以分析，并且定期举办自主保养成果交流会、自主维修工作研讨会，逐步完善管理机制。

三、TPM——计划保养

与自主保养类似，计划保养也有几个主要的推行步骤，分别是整理保养情报、收集与分析保养数据、导入重点设备计划保养、故障解析与改良保养、扩大计划保养、提升计划保养值。

（一）整理保养情报

想要确定相应的保养和维护的措施和计划，就必须对整个企业的每台设备都进行细致严谨的统计，充分认识和了解设备的使用年限、操作要点等。

（二）收集与分析保养数据

建立设备档案，从该设备进厂直到报废，全程记录保养数据。需要收集的保养数据包括：设备的购买年月、价格；验收情况；设备的构造原理、设计原理、线路图、操作规程；日常保养情况；故障产生的时间、状况、原因及解决方法。

详细记录并且分析以上这些数据，特别是做好平均故障时间、保养月报、保养比率这几种数据的统计，有利于掌握数据的规律、设备发生故障的原因等，由此可以制订出有效合理的保养计划，从而防止故障的发生。

1. 平均故障时间

平均故障时间指在通常情况下，设备出现一次故障的平均时间间隔。更具体一些的话，可以记录设备的某一部位平均每多长时间出现一次故障。

2. 保养月报

针对设备的保养情况编写月度报告，内容包括已经解决的问题、尚未解决的问题、下一步保养目标。参考设备每月故障发生次数、设备的性能及保养情况，不断地提高保养月报的目标，达到提高保养技能的目的。

3. 保养比率

已经实施预防措施的设备占工厂总设备量的百分比。保养比率越大，说明计划保养工作做得越好，设备的突发故障次数也会越少。

（三）导入重点设备计划保养

通常，如果重点设备出现问题，可能会造成整个生产的中断与生产链的切断，因此应该优先选择最关键、最重要的设备进行预防保养，以保证设备的正常运行和生产的正常开展。重点设备的计划保养主要包括：选定重点设备、制定保养基准、选择保养方式、设计保养计划表、定期召开保养检讨会。

（四）故障解析与改良保养

针对每种设备的原理、设计和构造等，确定不同的分析手法，确定是多发故障、经常发生故障或重大故障，然后找出排除故障的方法。并且，重中之重是防止故障的再次发生，主要有五个步骤：辨别故障种类、修复故障、分析故障原因、确定保养标准、根据保养标准进行日常管理。

（五）扩大计划保养

为了缩短整修的时间，优化设备维修结果，仅仅在生产设备上实施计划保养是不够的，还有其他方面的工作要做。比如研究提升保养性与保养率的方法、设计生产历程表和保养历程表、进行预备品的管理等。在对预备品进行管理时，一般按照突发性和计划性进行分类管理。

（六）提升计划保养值

这是计划保养的最后一个步骤。想要尽可能长时间地维持设备的有效性，标准化保养基准与通过目视管理建立设备状态的监视体制是必不可少的，在设备出现问题之前就去解决问题隐患，这是提升计划保养值的最佳方法。

现场作业管理（QCDS）

一、现场作业管理的概念

所谓现场作业管理，主要是指为实现企业的经营目标，有效地利用生产资源，对生产作业过程进行组织、计划、控制，生产出满足市场需求、满足社会需要的产品或者服务的管理行为。在作业管理过程中，中层领导要严格管控好作业前、作业中和作业后的各个环节，以达到科学、高效、安全生产的目的。

二、现场作业管理的原则

在现场作业管理的工作中，现场原则、现物原则、现实原则的“三现原则”（见图7-4）是灵魂。“三现原则”要求现场中层领导一切从实际出发，杜绝完全凭借“经验、直觉、胆量”来指挥和管理的做法。

现场原则

- 亲临现场，将现场视作问题发生的根源。

现物原则

- 接触现物，现场出现问题有其原因，中层领导应加以明确。

现实原则

- 面对现实，工作中重视数据和事实，远离经验论和感觉论。

图 7–4　“三现原则”

三、现场作业管理的目标

丰田公司最早提出 QCDS，将其作为现场作业管理的目标，并将其作为衡量供应商供应水平的指标之一。

（一）Q——Quality（质量）

产品质量，指的是产品在使用时可以成功满足用户需要的程度，是现场作业管理的第一目标。用户对产品的最基本要求就是适用。

（二）C——Cost（成本）

成本控制，指的是管理开发、生产及销售良好质量的产品和服务的过程时，致力于降低成本或维持在目标成本的水准。

（三）D——Delivery（交货期）

交货期，指的是准时送达所需求数量的产品或服务。

（四）S——Safety（安全）

安全管理，指的是针对生产过程中的各种常见安全问题，运用有效的资源，发挥集体的智慧，进行有关决策、计划、组织和控制等活动，实现生产过程中人与机器设备、物料、环境的和谐相处，达到安全生产的目标。一旦出现问题，中层领导需要第一时间到达现场，及时对应、及早预防、即刻处理。

四、如何确定作业时间和作业速度

只有中层领导确定好作业时间和作业速度，基层领导、各车间的班组长才能准确掌握每天的作业进度，如期完成工作任务。

（一）确定作业时间

很多工作人员在计划完成工作任务时，非常容易忽略分析和记录所需要的时间，中层领导应该让工作人员明确知道作业时间的起止点。作业时间的计算方法是：从材料的搬入或者生成半成品时开始计时，到下一个工程时结束。

（二）确定好正常作业速度

只有确定了组员的正常作业速度和不正常作业速度之间的差异，才能进行评定工作，从而加强对组员的监督指导工作。影响作业速度的因素有很多，比如技术熟练程度、员工的责任心以及员工的身体状况等，这都是中层领导需要了解的。

（三）改善标准工时

标准工时是一个企业的实力和潜力的象征。

标准工时 = 主题作业时间 ×（1 + 宽裕率）。

由于工作场所、机种、作业的差别，作业时间中宽裕时间（即非作业时间，包括因事宽裕、疲劳宽裕、作业宽裕及职场宽裕等，中层领导应该尽量减少作业宽裕和职场宽裕）所占的比率也有所不同，但最好限定在 15% 左右。

五、如何进行日常生产进度控制

生产进度控制，指的是安排和检查某种产品生产的计划、程序和过程，以此提高效率、降低成本，实现如期、保质、保量地交付。生产进度的控制内容包括原材料投入、批量生产、成品出产和产品入库。需要在时间上和数量上加以控制。

（一）生产进度的动态控制

1. 投入进度控制

对于大批量生产的投入进度控制，可以根据投产指令、投料单、投料进度表、投产日报表等进行控制。

成批和单件生产的投入进度控制则比较复杂，一方面要控制投入的品种、批量和成套性，另一方面还要控制投入提前期，利用投产计划表、配套计划表、工作命令、加工线路单及任务分配箱来控制投入任务。

2. 出产进度控制

小批量、单件的出产进度控制，可以直接利用作业计划图表，在表上用不同颜色画上实际的进度线即可。

批量的出产控制，可以直接利用月度生产作业计划，为了保证按期投入装配，需要对零部件的出产日期、出产提前期及成套性进行控制。

大批量的出产控制，可以用生产日报与出产日历进度计划表进行比较，以此控制每日出产进度、累计出产进度和一定时间内生产均衡程度。

3. 工序进度控制

工序进度控制的主要方法如下：第一种是按照加工路线单经过的工序顺序进行控制，以保证按时按工序进行加工；第二种是按照零部件加工顺序，每一道工序开一份工序票，交给操作人员进行加工，完成后将工序票交回，再派再开；第三种是明确协作车间分工及交付时间，由零部件加工主要车间负责到底，并将加工路线单下达给车间。

（二）生产进度的静态控制

生产进度的静态控制是从数量方面横向控制进度的一种方法，主要是指从某一“时点（日）”各生产环节所结存的制品、半成品的品种和数量的变化情况掌握和控制生产进度。生产进度的静态控制范围包括在制品占用量的实物和信息（账目、凭证等）形成的整个过程。

六、现场作业后的工作

中层领导负责定期检查由班组长提交的作业日报表与工作日志表，以便监督、控制现场生产情况和进度。

（一）检查作业日报表

作业日报表中包括了工时、产量、异常现象等信息，可以利用这些统计手法对下属的作业能力进行管理，比如均衡情况、变化推移、计划与累积及异常说明等，相应地调整计划或目标参数。表7-3是某部门某车间的作业日报表。

表 7-3　某部门某车间作业日报表

组别：　　　组长：　　　　　　　　　　　　　　　年　月　日

出勤人数		请假人数		加班人数		实用总工时	
时间	订单号	品名/型号	生产量	使用时间（分）	不良数	不良率	备注
8—9时							
9—10时							
10—11时							
11—12时							
12—13时							
13—14时							
14—15时							
15—16时							
16—17时							
17—18时							
合计							

（二）检查工作日志表

表7-4是某部门某车间班组长的工作日志表。

表 7–4　某部门某车间班组长工作日志表

组别：　　　　　组长：　　　　　　　　　　　　　　　　年　月　日

<table>
<tr><td>计划生产品种</td><td>实际生产品种</td><td>计划生产数量</td><td>实际生产数量</td><td>入库数量</td><td>待检数量</td><td>损耗数量（不合格品）</td><td>未达到原因</td></tr>
<tr><td></td><td></td><td></td><td></td><td></td><td></td><td></td><td></td></tr>
<tr><td></td><td></td><td></td><td></td><td></td><td></td><td></td><td></td></tr>
<tr><td></td><td></td><td></td><td></td><td></td><td></td><td></td><td></td></tr>
<tr><td></td><td></td><td></td><td></td><td></td><td></td><td></td><td></td></tr>
<tr><td>合计</td><td></td><td></td><td></td><td></td><td></td><td></td><td></td></tr>
</table>

<table>
<tr><td colspan="4">人员出勤安排</td><td colspan="4">设备使用及维修情况</td><td>生产作业过程记录</td><td>备注</td></tr>
<tr><td>应到</td><td></td><td>请假</td><td></td><td>调出</td><td></td><td>调入</td><td></td><td rowspan="2"></td><td rowspan="2"></td></tr>
<tr><td>实到</td><td colspan="3"></td><td>实有</td><td colspan="3"></td></tr>
<tr><td colspan="4">人员安排</td><td colspan="6"></td></tr>
</table>

注意：

本表一式两份，一份班组长自留，另一份上报生产部经理。如有加班情况，将人员、工时记入备注栏。

现场目视管理

一、目视管理的概念

所谓目视管理，顾名思义，是能看得见的管理。这是一种以提高劳动生产率为目的的，利用各种形象、直观、彩色的视觉信息和感知信息来组织现场生产活动，用肉眼判断工作的进展状况正常与否并迅速做出判断和决策的管理方式。

二、目视管理的预期成果

目视管理的预期成果如表7-5所示。

表7-5　目视管理的预期成果

传达并告知有关工作的现状及发展前景
激励员工积极参与经营
令员工持有相同的理念与判断基准，促使他们采取正确行动，向着共同目标前进
使员工拥有危机意识，防患于未然
通过活用信息来顺利解决问题，科学地改善生产条件和环境，提高工作效率

三、目视管理的特点

目视管理的辅助工具通常是形象直观的图表、标志、文字批注等，具有信息共有化、问题透明化的特点，可以简单方便地实现认知、警告、判断、行动等功能。

目视管理的应用实例在日常生活中随处可见，比如标志线、标志牌、显示装置、信号灯与色彩标志等。

目视管理的成败依赖于参与者的感觉敏锐度和经验，只有眼观六路耳听八方，善于动用所有感觉器官，才能获取足够的信息量。

四、目视管理的具体事例

目视管理的具体事例如表7-6所示。

表 7-6 目视管理的具体事例

事例	实现的方法	产生的作用
区域划线	用油漆压在地面上刷出线条 用彩色胶带贴在地面上形成线条	划分通道和工作场所，保持通道畅通 确定工作区域的各自功能 防止物品随意移动或搬动后无法归位
物品的行迹管理	标出物品名称 在物品放置处画上该物品的状态 标出使用者或借出者 必要时进行台账管理	明示物品的位置和数量 物品取走后的状况一目了然 防止需要时找不到工具
安全库存量与最大库存量	指明应该放置何种物品 指明安全库存量与最大库存量 指明物品数量不足时的应对方法	防止过量采购 防止断货
仪表正常或异常标示	在仪表指针的正常范围上标示绿色，异常范围上标示红色	仪表指针是否处于正常范围一目了然
5S实施情况确认表	设置现场5S责任区 设计表格内容	明确职责，指明该区域的5S责任人 明确要求，指明日常实施内容和要求 监督日常5S活动的实施情况

五、目视管理的计划

（一）情报收集

中层领导需要收集企业内外部的相关信息作为设定目视管理目标时的参考，充分利用先进企业的目视管理实例来对本企业的实施状况进行诊断、教育与宣传。

（二）确定计划

制订目视管理计划，需要经过相关人员的全面研讨，重视理想状态与现实状态的和谐统一，一方面要尽可能地趋于完美，另一方面要塑造出企业特色。关于责任人、时间、方法、道具、场所、位置等内容，也需要提前确定好各单位与个人的管理界限，以便应对突发情况时，能够及时有效地进行判断和处理。

（三）配置资源

任何计划的实施都离不开足够的经费和合理的人员配置。中层领导需要重点考虑如何配置适当人力和物力，这是持续提高工作效率、改善和维持良好状况的必要条件。

（四）实施计划

企业全员是否积极参与目视管理、是否在执行过程中投入热情并不断积累知识，可以体现出员工自主性管理的发展情况。员工自主性管理较好，能够增加管理的广度和深度。因此，在目视管理计划的实施过程中，中层领导应该加强管控和监督。

现场物流管理、质量管理与成本管理

一、现场物流管理

现场物流管理的重点，泛泛地说，就是完善生产规划与实际控制，细致地说，就是做好物料流动的调配工作，以保证物料、半成品、成品在厂房内实现快速流动，避免积压、占用空间资源。

（一）物料的搬运方法

1. 人工搬运法

人工搬运法指全部使用人力，无须借用其他外力。但是这种搬法既不安全也不经济，更会浪费体力与时间，通常能不用就不用。

2. 工具搬运法

工具搬运法指使用小型运输工具进行搬运，比如推车。这种搬运方法可以提高工作效率、保持厂房整齐清洁，直接地改善了工作的环境，间接地提升了员工的士气。

3. 机械搬运法

机械搬运法指使用大型运输工具进行搬运，比如长车、输送带、叉车、升降机等，主要针对体积大、搬运距离长、流动路线固定的物料或产品。

（二）搬运所采用的装具

1. 纸箱

作为比较常用的装具，纸箱应用广泛，多用于存放完成品，通常不会重复使用。为了减少管理和仓储困难，应该尽可能减少纸箱的规格种类，而且应注意纸箱保存环境的防霉防潮防蛀。

2. 塑料容器

通常在搬运正在制作流程中的半成品时，会使用比纸箱更结实的、可以重复使用的塑料箱。为了区别产品状况，塑料箱会被设计为不同的颜色，比如红色代表待报废品、黄色代表待整修品、蓝色代表正常良品。每种塑料容器的容量应该尽可能做到符合实际需求、标准化，同时依据规定位置妥善存放。

二、现场质量管理

现场质量管理是指对工作现场、操作过程、质量标准、质量维持、设备维护、厂房安全和环境卫生等可能影响产品质量的环节进行的日常检查和控制。

（一）例行总体工作检查

工作检查包括安排检查频率和设计工作检查表。

安排检查频率：正常时每两周1次，每次2或3人；新进人员开始时每周1次，熟练后照正常频率即可；特殊的、重大的工作，视具体情况的复杂性、紧迫性而定。

设计工作检查表：把那些可能影响产品质量的项目细化，列表排序，按次序依次检查。

（二）生产操作检查

生产操作检查频率：每周3次，每次2人。

（三）操作人员自主检查

自主检查频率：每2或3天对每个检查组检查1次，并根据情况进行调整。

（四）外协厂商质量检查

制作外协厂商质量检查表；质量管理部成品科与有关单位人员携带，不定期巡回检查各协作厂商与原料供应加工厂商。

（五）质量保管检查

制作质量保管检查表；检查对象主要是原料、加工品、半成品、成品等，频率为每周1次。

（六）设备维护检查

频率为每周2次，每次维护检查两三台设备。

（七）厂房安全卫生检查

频率为每周1次。

三、现场成本管理

（一）强化员工的成本控制意识

中层领导需要积极组织开展各种降低成本的企业活动，帮助全体员工树立起强烈的成本控制意识，充分调动他们对成本控制的积极性，以便切实落实生产主管分解到班组的成本计划。这是决定现场成本管理工作成败的基础。

（二）收集整理原始记录与数据

中层领导应结合其他企业管理的要求，根据成本控制和成本核算的需要，建立健全简便、易操作的原始记录制度，并如实填写，及时传递，以便为成本核算和管理工作提供真实数据。

（三）遵守材料物资的计量验收制度

为了确保生产顺利进行，中层领导应该设立好与以下内容相关的计量和验收制度，例如：材料物资的收发与领退；在制品和半成品的内部转移。

（四）科学合理地设定各种定额

一般来说，工业企业的定额有劳动定额、材料消耗定额、燃料和动力消耗定额、设备利用定额、流动资金定额和各种费用定额等。企业领导要结合本企业的当前管理水平，采用适当的方法设定各种定额，加强对定额执行情况的核算、检查和分析工作。如果企业生产技术水平发生变化、管理水平有所提高，就应该定期修订定额。

工业4.0背景下，现代制造业核心文化包括专业主义、标准主义、完美主义、精确主义、专注主义和信用主义，这些工业文化是实现工业4.0必须具备的“软实力”。

※ 案例及分析

在沿海某城市，大量工厂聚集，成为国外客户代加工的首选。由于劳动力成本低廉，相应地，一线工人的素质也参差不齐，有些工人经常会在工作场所随意丢弃杂物、垃圾，主管领导虽然多次教育，然而并没有系统的奖罚措施，导致法不责众、收效甚微。

有一次，欧洲客户在考察时发现工厂生产环境如此脏乱差，就对厂方严厉提出要求:“厂商必须在一个星期内改进现场作业环境，如果继续保持现状，我们将会取消订单，日后不再合作，订单的经济性并不是我们的首要考虑因素，质量才是。”

这个欧洲客户的订单对这家工厂意义重大，如果失去这个大客户，就意味着工厂一半的工人都会失业。为了留住客户、解决现场环境问题、提高工人素质，厂方聘用了管理专家，大力推行5S活动，同时执行了明确又严厉的奖惩规则。一个星期后，欧洲客户再次返厂考察时，整个工作场所的环境都焕然一新，厂房干净，工人们衣着整洁、井然有序。对此深感舒心满意的欧洲客户放弃了解除合同的想法。

分析

实施5S活动，对一个企业的生产和经营而言是不可忽视的重要内容。将5S活动落实到每个员工的认识里和行动上，不仅要依靠加强培训教育，而且要注意完善相关规章制度，奖罚结合，这样才能逐步培养出员工良好的工作习惯，营造出合格的工作环境。

※ 内容小结

（1）生产现场的环境管理，可以概括为5S，即①整理——要与不要，一留一弃；②整顿——科学布局，取用快捷；③清扫——清除垃圾，美化环境；④清洁——洁净环境，贯彻到底；⑤教养——形成制度，养成习惯。推行5S

活动的有效步骤：计划、组织、宣传、整理作战、整顿作战、推动方法实施、方法讨论修正、考核评分、上级巡回诊断、检讨与奖励。

（2）现场设备管理分为自主保养与计划保养。自主保养的步骤：①培养初期清扫习惯；②应用技术与难点攻关；③建立自主管理体系；④实施总点检；⑤实施自主点检；⑥实施整理与整顿；⑦彻底完善自主管理体系。计划保养的步骤：①整理保养情报；②收集与分析保养数据；③导入重点设备计划保养；④故障解析与改良保养；⑤扩大计划保养；⑥提升计划保养值。

（3）现场作业管理的原则：现场原则、现物原则、现实原则。现场作业管理的目标是Q——Quality（质量）、C——Cost（成本）、D——Delivery（交货期）、S——Safety（安全）。

（4）生产进度的动态控制：①投入进度控制；②出产进度控制；③工序进度控制。生产进度的静态控制：从某一“时点（日）”各生产环节所结存的制品、半成品的品种和数量的变化情况掌握和控制生产进度。现场作业后的工作：①检查作业日报表；②检查工作日志表。

（5）常见的现场目视管理手段有标志线、标志牌、显示装置、信号灯以及色彩标志等。目视管理的具体实例：区域划线、物品的行迹管理、安全库存量与最大库存量、仪表正常或异常标示、5S实施情况确认表。

（6）现场物流管理中的物料搬运方法分为人工搬运法、工具搬运法、机械搬运法，采用的装具是纸箱与塑料容器。现场质量管理的方法：①例行总体工作检查；②生产操作检查；③操作人员自主检查；④外协厂商质量检查；⑤质量保管检查；⑥设备维护检查；⑦厂房安全卫生检查。现场成本管理的方法：①强化员工的成本控制意识；②收集整理原始记录与数据；③遵守材料物资的计量验收制度；④科学合理地设定各种定额。

※ 研讨与实践

（1）根据实际工作情况，设计一份作业日报，填写工作日志。

（2）在你参与过的现场环境管理中，整理、整顿、清扫、清洁和教养，哪方面落实起来比较困难？是否有好的解决计划？

（3）设计一份简单明了的改善现场管理的规划书。

第八章

安全管理，防患于未然

一个事业能不能成功，关键靠制度设计。

——牛根生

扎根心中的意识：无危则安，无损则全

无数次的意外事件导致严重伤亡事故的发生，越来越让人们深刻认识到，企业好像一棵参天大树，安全便是企业的根基，根基患病或被伤害，大树的生命就岌岌可危。可见，企业的兴衰成败、职工的安居乐业，都与安全息息相关。想要抓好安全生产工作、防止重大事故的发生，需要中层领导重视事故的苗头和未遂事故，以此减少和消除事故隐患，建设、完善企业和部门的安全管理体系。千万不要让安全管理成为贴在墙上的一句口号。

工业4.0的时代背景下，一个显著的特征就是变化，而且是快速变化，变化就会带来诸多的不确定性，不确定性中隐含着隐患和危机，因此，管理者必须时刻关注安全生产和危机管理。安全生产管理是生产的重要组成部分，下面阐述一下安全与事故的概念，以便帮助企业树立扎实的安全意识。

一、安全与危险

安全，顾名思义，是“无危则安，无损则全”。在生产过程中，什么是安全的状态？它指的是人员不发生伤亡或罹患职业病、设备与设施没有被损坏、环境没有被伤害、社会没有被危害。简言之，安全是指生产系统中没有出现系统失效、人员伤害或者其他损失。本质安全是指设备、设施或技术工艺内在拥有的、可以从源头上防止发生事故的功能，它是安全生产预防为主的根本体现，是安全生产管理的最高境界，是一种完美的可期状态。

作为安全的相对概念，危险是指生产系统中出现系统失效、人员伤害或者其他损失，发生不良后果的可能性超过人们的承受程度。危险来自危险源，

危险源是指可能造成人员伤害、疾病、财产损失、作业环境破坏或其他损失的根源或状态。危险源的存在意味着风险的存在，风险指的是产生不利后果的严重程度及其发生的概率，包括两方面内容：失误与故障。

二、安全生产管理

（一）安全生产管理的定义

安全生产管理指的是针对生产过程中的各种常见安全问题，运用有效的资源，发挥集体的智慧，进行有关决策、计划、组织和控制等活动，实现生产过程中人与机器设备、物料、环境的和谐相处，达到安全生产的目标。

（二）安全生产管理的目标

在生产过程中，减少和控制危害与事故，尽量避免由此造成的人身伤害、财产损失、环境污染以及其他损失等，这就是安全生产管理的目标。

（三）安全生产管理的基本对象

安全生产管理的重点对象是企业中的所有人员，安全生产管理也涉及设备设施、物料、环境、财务、信息等各个方面。

三、事故与事故隐患

（一）什么是事故

工伤（职业伤害）事故：在工作或者其他职业活动中，员工因为意外事故伤害和职业病造成的伤残和死亡。

未遂事故：有可能造成严重后果，但由于偶然因素，实际上并没有造成严重后果的事件。

（二）事故的特点

事故的特点如图8-1所示。

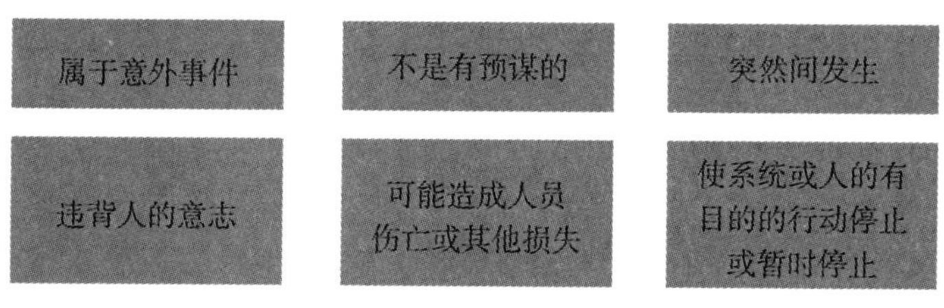

图8-1　事故的特点

（三）事故发生的原因

事故发生的原因也就是事故隐患，是指在生产系统中会导致事故发生的人的不安全行为（占事故发生的94.5%）、物的不安全状态（占事故发生的83.5%）和管理上的缺陷。事故隐患分为一般事故隐患和重大事故隐患。

四、海因里希法则

1941年，美国人海因里希通过分析工伤事故的发生概率，为保险公司的经营提出了海因里希法则作为指导理论。海因里希法则的含义：当一个企业出现了300起隐患或违章，非常可能要发生29起轻伤或故障，还有1起重伤或死亡事故（见图8-2）。所以，海因里希法则又称“1∶29∶300法则”或“300∶29∶1法则”。海因里希认为，人的不安全行为、物的不安全状态是事故的直接原因，企业事故预防工作的中心就是控制住人的不安全行为、物的不安全状态，并尽可能地消除它们。

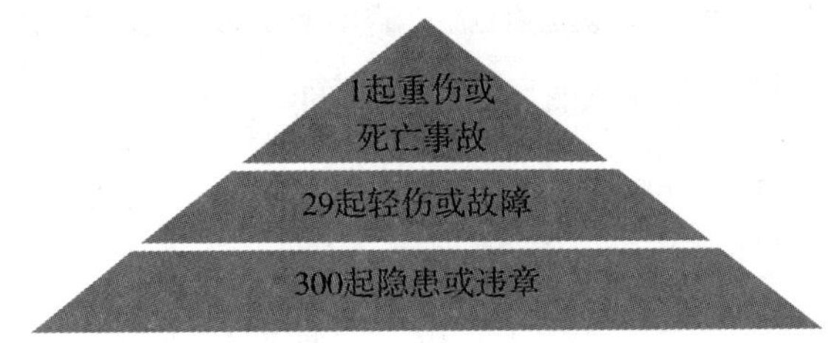

图 8-2　海因里希法则

明确清晰的职责与措施

一、建立安全生产责任制的核心

安全生产责任制是按照职业安全健康工作方针“安全第一，预防为主”，将各级负责人员、各职能部门及其工作人员和各岗位生产工人在职业安全健康方面应做的事情和应负的责任加以明确规定的一种制度。

生产经营单位的安全生产责任制的核心是实现安全生产的“五同时”，就是在计划、布置、监察、总结、评比生产工作的时候，同时计划、布置、检查、总结、评比安全生产工作。

二、各业务部门的安全生产职责

（一）厂长的安全生产职责

（1）拟订单位安全生产规章制度、操作规程和生产安全事故的应急救援预案。

（2）敦促员工落实重大危险源的安全管理措施。

（3）如实对安全生产教育和培训情况加以记录。

（4）及时排查生产安全事故隐患，对改进安全生产管理的方法提出建议。

（二）分管生产、安全工作的副厂长的安全生产职责

（1）建立健全岗位安全生产职责，同时对安全生产管理机构成员进行更新、补充。

（2）传达学习安全文件，接收发放清单，记录附带文件，并留底本。

（3）宣传安全生产方针，记录股份公司要求获取、更新或补充的安全制度，每月最少一次。

（4）管理相关文件和数据，收集、归档和保管安全生产记录等。

（三）总工程师的安全生产职责

（1）认真执行安全生产方针，履行安全文件中规定的职责。

（2）执行安全生产“三同时”原则，即同时设计、同时施工、同时投产，组织技术改进项目的设计、施工、投产的“三同时”审查，并且有权对不符合“三同时”的方案进行否定。

（3）结合部门特点，及时识别、获取、评审、更新安全生产法律法规，并对员工做好相关培训。

（4）负责岗位安全操作规程的制定、修订工作，并参与安全生产培训工作。

（5）参与危险源辨识和作业培训、过程监督检查评价，从技防的角度明确控制措施。

（6）参与公司组织的综合安全检查、专项安全检查工作，制订重大隐患整改的技术方案。

（7）及时检查、及时处理公司的电气设备，参与设备设施的验收、拆除、报废等工作。

（四）经营部的安全生产职责

（1）参加各种安全管理活动、安全培训教育。

（2）与甲方商定必备的安全施工作业条件，并签订施工作业安全协议。

（3）监督检查乙方的安全施工作业过程。

（4）建立承包商档案，有权制止承包商的不安全作业行为，并据此提出终止合同建议。

（五）生产制造部的安全生产职责

（1）在生产与安全发生矛盾时，在确保安全的前提下，组织安排生产、禁止违章指挥。

（2）深入生产现场，做好安全督导工作。

（3）建立健全各类安全基础台账。

（4）负责消防器材的配备、维护和管理。

（5）负责变更设备设施时的风险辨识，并对过程进行监控。

（6）对安全或隐患行为进行奖惩。

（7）负责安全事故的调查、统计、上报和建档工作。

（8）负责新进员工、外来人员的安全教育和培训。

（9）负责办理特殊工种的培训、考核、取证、换证工作，以及日常动火、登高等作业票证的审批。

（10）负责管理职业健康工作，及时进行岗位职责危害和工伤的申报。

（六）项目保障部的安全生产职责

（1）严格按照技术要求、安全要求采购相关物资，并对其安全性能负责。

（2）负责向相关供应商（产品制造方）索取各类安全资质，并跟踪检查。

（3）负责对新进班组长进行安全教育。

（4）负责联系有资质的单位进行废油、废油漆桶的回收。

（七）党支部、工会的安全职责

（1）贯彻、督促、协助公司执行劳动保护的方针、政策、法令。

（2）认真贯彻“安全第一，预防为主”的原则，加强安全文化宣传与培训工作。

（3）协助相关部门提出防止伤亡事故和职业病的有效措施，并督促落实执行。

（4）督促“三同时”全面实施，并改善职工的劳动条件、维护员工在劳动保护方面的合法权益、保护员工在工伤责任事故处理中及受处理后的申诉权利。

（八）班组长的安全生产职责

（1）作业前严格按相关规定办理作业许可证，并落实安全监护措施，严格执行安全操作规程、安全作业方案、安全作业守则，杜绝“三违”行为，即违章指挥、违章操作、违反劳动纪律。

（2）认真坚持事故“四不放过”的原则，即事故原因没有查清不放过、事故责任者没有严肃处理不放过、广大群众没有受到教育不放过、防范措施没有落实不放过，并按规定要求及时报告公司。

（3）进行安全生产自查工作，及时整改隐患。

（4）进行组员的安全教育和培训。

（5）在班前会之前，必检内容中应有员工的精神状态如何、是否酒后上班等情况的汇报。

（九）生产操作工人的安全生产职责

（1）执行企业的安全生产指令与规章制度。

（2）按照企业要求正确穿戴劳动防护用品。

（3）遵守岗位安全操作规程，熟练使用消防器材。

（4）查找本岗位及区域内的危险源、隐患，上报情况，配合整改。

三、安全技术措施计划

生产经营单位为了保证安全资金的有效投入，需要编制安全技术措施计划，其核心为安全技术措施。

（一）防止事故发生的安全技术措施

防止事故发生的安全技术措施，指为了防止事故的发生，采取的约束、限制能量或危险物质，防止其意外释放的技术措施。常用的防止事故发生的安全技术措施有以下五种：

（1）虽然消除危险源可以从根本上防止事故的发生，但这几乎很难做到，所以人们会首先选择危险性较大、现有条件下可以消除的危险源，加以消除，具体方法是通过工具以合适的形式和材料来彻底消除某种危险源。

（2）隔离危险源就是将被保护对象与意外释放的能量或危险物质等相互隔绝。既可防止事故的发生，也可防止事故的扩大、减少事故的损失。

（3）限制、减少能量或危险物质的量，安全释放能量，防止能量蓄积。

（4）通过设计使系统与设备发生事故或故障时处于低能状态，防止能量的意外释放。

（5）减少操作上的失误。

（二）减少事故损失的安全技术措施

减少事故损失的安全技术措施，指防止意外释放的能量引起人的伤害或物的损坏，减轻其对人的伤害或对物的破坏的技术措施。这是事故已经发生后的控制措施，旨在迅速控制局面，防止事故的扩大，避免引起二次事故的发生，从而减少事故造成的损失。常用的措施有以下四种。

（1）在薄弱环节处，设置能防止能量意外释放时会作用于被保护的人或物的设备，比如锅炉上的易熔塞、电路中的熔断器等。

（2）设置能将被保护的人或物与危险源隔离的设备。这种设备通常分为三种：隔开设备、封闭设备和缓冲设备，比如汽车上的安全气囊、工作场所的防火门等。

（3）事先确定好事故发生后的撤退路线，在事故发生时，根据设计好的撤退路线迅速撤离，实现主动避难与协助救援。

（4）做好个体防护设备的使用工作，这是保护人身安全的最后一道防线。

四、安全管理的文化建设

（一）完善安全战略指导机制

在“安全第一，预防为主”的前提下，确定符合本行业或本企业的安全生产方针。做到安全工作有的放矢，为最大限度发挥“人”在安全工作中的能动性奠定基础。

（二）完善安全目标考核机制

建立可行的目标考核机制，让员工始终保持一种丝毫不放松、不麻痹的思想状态，有利于保持企业安全文化建设的持久性。

（三）完善安全理念渗透机制

为了使广大员工对安全工作重要性的认识有新的飞跃，让企业安全文化层次得到极大提高，必须建立健全完善的理念渗透机制和措施，通过制度约束、柔性引导、监督检查和考核兑现，强化员工的认知深度。

（四）完善安全制度落实机制

从根本上强化安全制度落实机制建设是一项重要工作。通过健全并严格执行系统的目标责任、监督考核和落实兑现保障体系，促进员工遵守各种安全制度措施和6S（整理、整顿、清扫、清洁、素养、安全）岗位标准，达到自觉养成标准化工作行为，不断提高安全文化的执行力。

（五）完善安全教育培训机制

在安全宣传教育方面，可让各级中层领导在部门内授课，或聘请有实践经验的人员讲课，培训结束后采取知识考试和现场操作相结合的方式进行考核，成绩不及格的员工不准上岗。只要培训和考核做到位，员工队伍的整体业务素质都会得以提高，能够为企业营造浓厚的安全氛围、有效提升企业整体安全文化水平。

完善安全的劳保与防护

对于坚守在第一线的产业工人来说，想要更好地完成工作任务，除了拥有精湛的工作技能外，合理使用劳动防护用品也是必不可少的。这是保障从业人员人身安全与健康的重要措施，更是保障生产经营单位安全生产的基础。事无巨细，中层领导需要关注，并根据生产工作的实际需要将物料发放给每个职工，监督他们保护好自己。

一、劳动防护用品的分类

劳动防护用品，指的是由生产经营单位为从业人员配备的，使其在劳动过程中免遭或者减轻事故伤害及职业危害的个人防护装备。通常分为特殊劳动防护用品和一般劳动防护用品，大致有以下几个常用种类（见图8-3）。

头部防护类

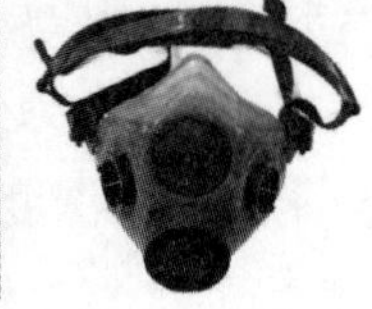
呼吸器官防护类

眼、面部防护类

听觉器官防护类

防护服装类

手足防护类

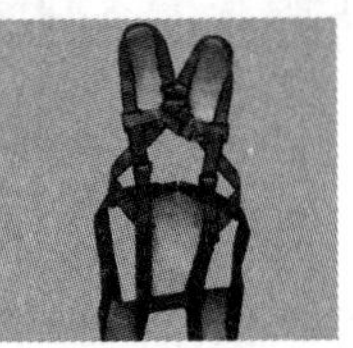
防坠落类

图8-3 常用的劳动防护用品

二、各种劳动防护用品的使用和维护

（一）安全帽

（1）要系牢帽内缓冲衬垫的带子，头顶与帽内顶部的间隔不小于32毫米。

（2）不能把安全帽当坐垫用，以防变形后防护作用降低。

（3）发现安全帽出现龟裂、下凹、裂痕和磨损等情况，要立即更换合格产品。

（二）护目镜、面罩

（1）防打击护目镜，可以防止金属、砂屑、钢液等飞溅物对眼部的伤害，多用于机床操作、铸造捣冒口等工种。

（2）防辐射护目镜，可以防止有害红外线、耀眼的可见光和紫外线对眼部的伤害，主要用于炼钢、浇注、烧割、铸造热处理等工种。这种护目镜大多与帽檐连在一起，有被固定住的，也有可以上下翻动的。

（3）防辐射面罩，主要用于焊接作业，防止在焊接过程中产生的强光、紫外线和金属飞屑损伤面部；防毒面具，要注意滤毒材料的性能。

护目镜、面罩的宽窄大小要适合使用者，镜片磨损与粗糙、镜架损坏都会影响操作人的视力，需要及时调换。

（三）防护手套

（1）厚帆布手套，多用于高温、重体力作业，比如炼钢、铸造等工种。

（2）薄帆布、纱线、分指手套，主要用于检修工、起重机司机、配电工等工种。

（3）翻毛皮革长手套，主要用于焊接工种。

（4）橡胶或涂橡胶手套，主要用于电气、铸造等工种。

戴各类手套时，注意不要将手腕裸露出来，以防在作业时焊接火星或其他有害物溅入袖内。各类机床或有被夹挤危险的地方，严禁使用手套。

（四）防护服

（1）白帆布防护服，可以使人体与高温烘烤相隔离，布料具有耐燃烧的特点，主要用于炼钢、浇钢、焊接等工种。

（2）劳动布防护服，可以对人体起到一般屏蔽保护作用，主要用于非高温、重体力作业的工种。

（3）涤卡布防护服，可以对人体起到一般屏蔽保护作用，主要用于后勤和职能人员等岗位。

（五）防护鞋

（1）橡胶鞋，具有绝缘保护作用，主要用于电气、水力清砂等露天作业岗位。

（2）防滑靴，可以防止操作人员滑跌，主要用于油库、退火炉等岗位。

（3）球鞋，具有绝缘、防滑保护作用，主要用于检修、电气等工种。

（4）护趾安全鞋，可以保护脚趾在物体砸落时不受伤害，主要用于铸造、炼钢等工种。

（六）安全带

安全带是防止工作人员在高处作业时意外坠落的防护用品，使用时要注意以下事项。

（1）在基准面2米以上高处作业必须系好安全带。

（2）使用时应将安全带系在腰部，挂钩要扣在不低于操作人员所处水平位置的牢靠之处，扣在操作人员的下方位置是很危险的，会在坠落时加大冲击力、致人受伤。

（3）要经常检查安全带缝制部位和挂钩部分的完整度，如果发现断裂或磨损，要及时修理或更换。如果保护套丢失，要加上后再用。

（七）防酸碱用品

防酸碱用品是保护操作人员在生产作业环境中免受酸碱危害的个体防护用品。按防护用品原料可分为橡胶防酸碱用品；塑料防酸碱用品；毛、丝、合成纤维织物防酸碱用品等。按其防护部位可分为防酸碱工作服、手套、靴、防酸面罩和面具等。

※ 案例及分析

某集团公司2016年安全工作部分重点要求如下。

认真学习贯彻《国务院关于进一步加强企业安全生产工作的通知》，将其作为指导我集团做好安全生产工作的纲领，2016年将深化做好落实工作。

建立并实行主要负责人和领导班子现场带班制度，加强对重点部位、关键环节的检查巡视。每月至少应召开1次专题例会，研究部署安全生产工作，排查安全隐患，落实整改措施，并形成会议纪要；重大硬件改造措施要列入单位改造计划，要通过安全投入，解决安全硬件缺陷，完成集团公司下达的安全硬件改造任务和重大隐患整改任务。

完善各项应急处置和救援预案，应急预案与当地政府应急预案保持衔接，并定期进行演练。

与在本单位范围内从事生产经营、建筑施工、出租、承租等活动的相关方（包括公司内流程相关的企业）签订安全生产、消防安全协议书。向本单位参股的合资企业下达安全生产告知书，明确安全责任，加强安全监管。

单位内部要层层签订责任书，确保把安全生产和保卫工作的任务、措施分解落实到所属分公司、车间（部门）、班组、岗位和个人，做到责任无盲区、管理无死角，全面建立安全保卫工作的责任体系。

开展以岗位达标、专业达标和企业达标为内容的安全生产标准化建设。每季度各车间、部门对照安全生产标准化条款进行一次自评，企业每半年集中开展一次自评，并提出整改目标和任务，不断进行整改完善工作，得分率不低于80%，2016年10月前由企业进行整体汇总，完成企业整体的年度自评打分工作，自评结果报集团公司安全生产和保卫部。

在用的特种设备按相关规定进行登记、检验、使用和维护保养，特种设备建档率、年检率和安全附件定检率要达到100%。报废的特种设备要及时完成销档工作。

与职工签订的劳动合同，应告知劳动者所从事岗位的安全和职业危害，并在作业现场设置公告栏、警示标识和提示说明，做好员工的职业健康监护工作；对从事接触职业危害的员工，签订“职业危害告知书”，确定双方权利和义务，并组织其进行岗前、岗中和岗后的职业健康检查，建立职业健康监护档案，做到一人一档。

新入厂、转岗、复工和从事“四新”岗位的职工，都要进行相应的安全生产教育、考核并登记记录，新建“三级安全教育”档案资料符合安全生产标准化要求。

组织开展好“安全生产月”“消防周”“交通安全活动周”等活动，组织全体员工填写“危险预知卡”。

及时报告安全生产事故等情况。

分析

该集团公司把实现安全生产和保卫工作管理控制指标与完成责任书下达任务，作为对主要领导当年效绩目标责任考核的重要内容。

主要领导向集团公司和董事会负全责，为第一责任人，对安全保卫工作负总责，主管领导负分管责任，实行领导班子成员分工责任制。单位内部要层层签订责任书，确保把安全生产和保卫工作的任务、措施分解落实到所属分公司、车间（部门）、班组、岗位和个人，做到责任无盲区、管理无死角，全面建立安全保卫工作的责任体系。

※ 内容小结

（1）安全是指生产系统中没有出现系统失效、人员伤害或者其他损失。安全生产管理指的是针对生产过程中的各种常见安全问题，运用有效的资源，发挥集体的智慧，进行有关决策、计划、组织和控制等活动，实现生产过程中人与机器设备、物料、环境的和谐相处，达到安全生产的目标。

（2）生产经营单位的安全生产责任制的核心是实现安全生产的"五同时"，就是在计划、布置、监察、总结、评比生产工作的时候，同时计划、布置、检查、总结、评比安全生产工作。

（3）肩负安全生产职责的有：①厂长；②分管生产、安全工作的副厂长；③总工程师；④经营部；⑤生产制造部；⑥项目保障部；⑦党支部、工会；⑧班组长；⑨生产操作工人。

（4）常用的防止事故发生的安全技术措施有：①消除危险源；②隔离危险源；③限制、减少能量或危险物质的量；④通过设计使系统与设备发生事故或故障时控制在低能状态；⑤减少失误。

（5）安全管理的文化建设，需要完善安全战略指导机制、安全目标考核机制、安全理念渗透机制、安全制度落实机制、安全教育培训机制。

（6）合理使用劳动防护用品，比如安全帽、护目镜、面罩、防护手套、防护服、防护鞋、安全带、防酸碱用品等，这是保障从业人员人身安全与健康的重要措施，更是保障生产经营单位安全生产的基础。

※ 研讨与实践

（1）你所在的企业中是否发生过生产事故？当时是如何应急处理的？给企业带来了什么影响？

（2）现有企业安全管理制度中还有需要完善的地方吗？

（3）面对可能发生的安全隐患事故，你做出了哪些举措加以预防？

第九章

危机管理，乱世出英雄

领导力在顺境的时候，每个人都能展现出来，只有在逆境的时候展现出来的才是真正的领导力。

——马云

不可或缺的企业危机管理

存储了大量重要数据的计算机硬盘，一旦遭遇黑客攻击，泄露信息，企业损失难以估量。

汽车轮胎出现磨损，若是发生爆胎，汽车失控，很容易造成重大安全事故。

看到天空中乌云密布，人们的脑海中都会想到“未雨绸缪”，自觉地带上一把雨伞出门。

优秀的中层领导之所以常常有先见之明、能够准确地做出决策，并不是因为他们真的能够未卜先知，而是因为他们具有强烈的风险意识，充分认识到：潜在风险虽小，若是不加以防范修正，不知道何时就会愈演愈烈，爆发危机，对企业和个人造成重大负面影响。

俗话说：“防患于未然。”与其坐等危机发生后才手忙脚乱地处理，倒不妨事先做好预防措施、规避风险，起码也应该做到亡羊补牢、及时止损。

危机，无处不在。危机管理是企业的必修课，因此中层领导要时刻保持危机意识，一方面要防患于未然，完善企业危机管理系统，将某些危机扼杀在萌芽之中；另一方面要快刀斩乱麻，掌握危机处理技巧，把危机中出现的损失和混乱降到最低限度。

一、企业危机管理的定义

危机管理是企业发展战略中的一项长期规划。

它的定义是，为了预防危机发生、减轻危机损害、加快恢复速度，所进行的收集分析信息、制定预防策略、落实处理计划、总结危机经验、调整企业战略的管理过程。

二、企业危机管理的意义

社会是一个复杂的综合体，客观环境和主观愿望之间存在固有矛盾，因此企业发展过程中会出现一些突发事件，影响了生产经营活动，还造成了形象危机，甚至会威胁企业的生存和发展。

有效的企业危机管理可以做到以下几点。

（一）完善企业管理机制

从宏观角度，完善的企业危机管理机制可以确保企业战略规划的准确制定和顺利实施。

从微观角度，完善的企业危机管理机制可以抓住日常管理中的薄弱环节，减少决策和操作失误，增强抗风险能力。

（二）推动企业变革和创新

危机过后，企业管理者需要重新审视组织结构、业务流程等方面存在哪些问题，有针对性地对内部结构加以调整，由防御危机变为主动出击，让企业在变革和创新中焕发生机，经济效益稳步提升。

（三）维护企业形象

合理规避危机、有力控制危机、果断解决危机、补偿公众损失等，在整个企业危机管理过程中，充满了提升企业形象的机遇。如果处理得当，企业便可以借助媒体之手提高知名度，重建良好形象。

三、企业危机管理的三个阶段（见图 9-1）

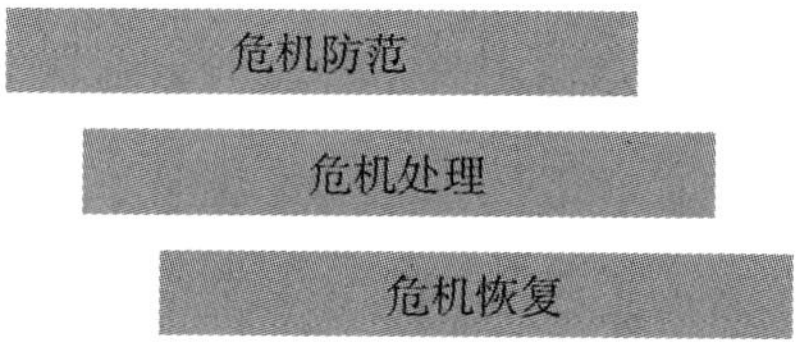

危机防范

危机处理

危机恢复

图 9-1　企业危机管理的三个阶段

（一）第一阶段：危机防范

1. 危机监测

即便是在企业发展得四平八稳之时，中层领导也应该具备强烈的危机意识和心理准备，建立起完备的危机管理机制，对可能性爆发的危机实时监测。

2. 危机预警

危机爆发前的某些征兆是十分明显的，中层领导需要具备敏锐的捕捉能力，及时启动预警，抢占先机，把可以避免的危机消灭在萌芽之中，并且保证以最快速度应对那些不可避免的危机。

（二）第二阶段：危机处理

1. 确认危机

中层领导需要收集与危机相关的信息，确认以下内容：

（1）危机的种类。

（2）危机的严重程度。

（3）危机的产生原因。

（4）危机的影响范围和程度。

（5）危机的后果。

2. 控制危机

控制危机即遏止危机的扩散，防止牵一发而动全身、影响企业内部其他事物，这一步非常注重时效性。

3. 处理危机

处理危机指确定正确的危机处理决策后，选择出一套最佳解决方案，然后迅速执行。

（三）第三阶段：危机恢复

危机恢复一是包括社会、经济、环境、秩序、组织、个人的恢复和重建，二是在危机结束后进行客观评估，总结经验教训，促进企业制度和管理模式的革新。

时刻关注潜在风险

“21世纪，没有危机感是最大的危机。”哈佛商学院教授理查德·帕斯卡尔如是说。一个优秀的中层领导必须时刻关注企业运营的潜在风险，并且有能力使其在发端之前化于无形。

一、提高企业危机意识

尽管企业发展如日中天，中层领导依然要保持一种“怀疑”态度，清醒且理性地认识到波澜不惊的海面上出现的显性和隐性问题。

（一）高危企业类型

（1）垄断型、高利润企业。

（2）市场“知名品牌”企业。

（3）上市公司。

（4）食品、医药企业。

（5）成长迅速的企业。

（6）连锁企业。

（二）提高危机意识的措施

面对激烈的市场竞争，提高危机意识就是树立危机理念、营造危机氛围，开展危机管理教育与培训，进一步强化员工的危机意识，提高他们面对危机的心理素质与危机处理能力，让预防危机成为他们日常工作的重要部分。

二、建设危机预警体系

没有机构精简、协调统一、规章齐全、职责明确的危机预警体系，就等于危机已经来临。因为层出不穷的细微问题会在企业的发展过程中埋下诸多隐患，当它们演化为重大问题并爆发时，不良后果就会迅速显现。

（一）健全的企业危机管理系统（见图9-2）

预警子系统和预控子系统都会在危机发生之前起到一定的防范作用。在具体的工作中，中层领导可以从以下几方面着手。

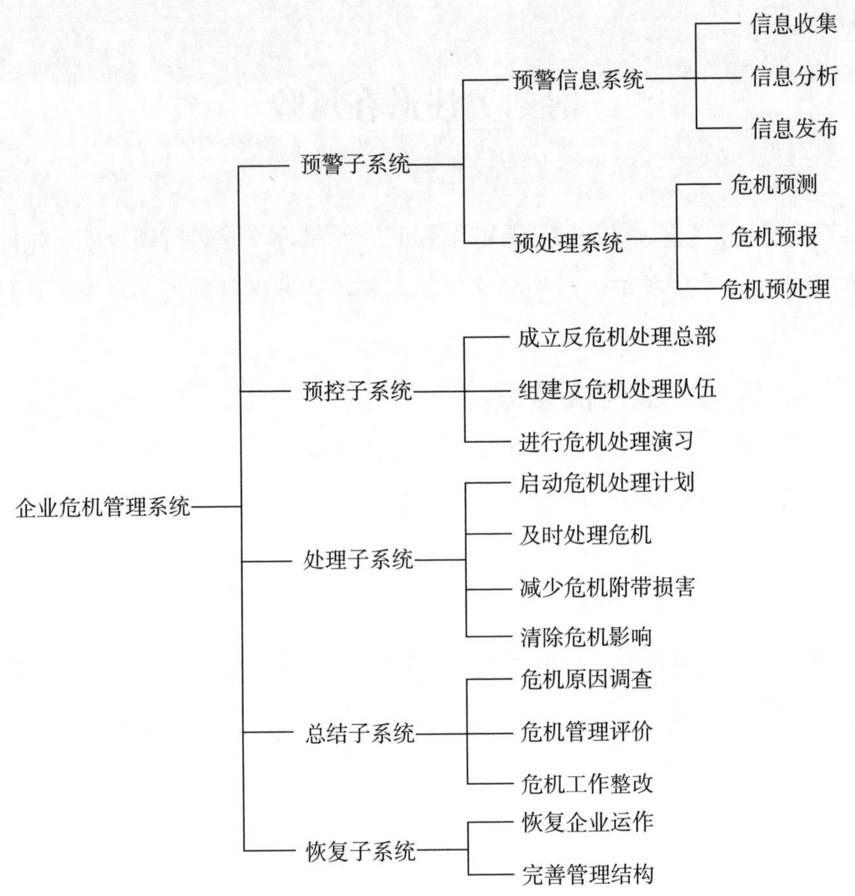

图 9–2　企业危机管理系统

（1）明确危机管理系统的计划与预算、危机处理负责人、危机处理小组成员，其中参与人员应该包括能够保证危机决策和落实的权威性的企业最高领导、主要管理部门负责人、能够提供专业咨询意见的相关外部专家。

（2）根据可能发生的不同类型危机，将危机管理计划（重点体现危机的传播途径和解决办法，至少每年一次）置于年度经营计划中。

（3）反危机处理总部发布企业弱点分析报告（至少每年一次），可以取得外部咨询顾问的建议。

（4）总结出可能性极高的几种危机，制定预防与应对的策略（包括工作程序和首要步骤）。

（5）至少每年进行一次模拟危机处理演习，全面落实危机控制和管理计划。

（二）潜在危机分析表格

为了提早识别出企业发展和运营的薄弱环节，中层领导可以通过表9-1、表9-2、表9-3来获得提供考量的依据。

表 9-1　“潜在危机发生可能性”分析表

最有可能发生的危机	可能发生，但在近期内不会发生的危机	不可能发生的危机
1	1	1
2	2	2
3	3	3

表 9-2　“潜在危机对企业的损害”分析表

会造成严重损害的危机	会造成中等损害，但是能够加以管理的危机	会造成轻微损害，并且很容易加以管理的危机
1	1	1
2	2	2
3	3	3

表 9-3　“最有可能发生严重损害的危机”分析表

最有可能发生，会造成严重损害的危机	最有可能发生，会造成损害，但可以管理的危机	可能发生，但在近期不可能发生，会造成严重损害的危机
1	1	1
2	2	2
3	3	3

三、要对危机进行及时确认与诊断

中层领导应该懂得“发现错误即为开悟，改正错误则是成就，不再重犯则为圆满”的道理。当危机的苗头开始显现时，第一时间加以确认与诊断是一项富有挑战性的工作。

从成因的内外源分类，危机分为两类：企业外部危机和企业内部危机。

从诱因和内容分类，危机分为四类：

（1）企业内部人为危机：比如战略出错、人力流失、财务赤字。

（2）企业内部非人为危机：比如意外事故。

（3）企业外部人为危机：比如食物投毒、山寨仿制、不实谣言。

（4）企业外部非人为危机：比如政策突然调整、重大自然灾害、经济和行业危机。

在确定企业危机性质时，中层领导应该听取企业各部门各层级人员的看法，然后与自己的看法放在一起，综合分析、相互印证，这样可以避免判断失误，保证自己能在第一时间对危机做出正确反应，最大限度帮助企业快速渡过难关。

公共关系中的危机管理思路

俗话说：“祸兮福之所倚，福兮祸之所伏。”凭借着完善的企业危机管理，以及对危机具备清醒的认知和把握，只要遵循以下原则和措施，中层领导完全可以在危机发生时合理地将“祸”转化为“福”。

一、危机处理的原则

（一）速度原则（Speedy）

防止危机带来的损害不断扩大、升级、蔓延，这是处理危机成败与否的关键因素。企业主动出击、果断担责是最好的防御，往往能够化干戈为玉帛，得到公众的谅解，尽可能地维护企业形象。速度原则包括以下内容。

（1）第一时间发现危机问题。

（2）第一时间调查危机原因。

（3）第一时间确认危机类别。

（4）第一时间接触危机公众。

（5）第一时间控制事态发展。

（6）第一时间通报实时信息。

（二）坦诚原则（Sincerity）

企图推卸责任的做法是极不成熟的，中层领导应该积极主动、真诚诚实地与公众沟通，同时还需要注意统一说法，最大限度避免利益各方间矛盾激化、关系僵化。

（三）权威原则（Standard）

自圆其说、自吹自擂、自说自话，都未必能安抚公众、解决危机。中层领导可以邀请具有权威性的第三方来为企业解释、作证，借助外力可以更好地使公众解除警戒心理，令企业重获信任。

（1）政府和主管部门。

（2）独立的专家或机构。

（3）行业协会。

（4）权威媒体。

（5）消费者代表。

……

（四）灵活原则（Smartness）

事态瞬息万变，可预测又不可预测，计划赶不上变化，当原有的预案和措施不能适应现实情况时，中层领导必须灵活应变，随时做出调整。

（五）系统原则（System）

一开始，危机往往会在企业的某一部门中首先出现，如果不能得到有效干预，就会迅速扩大到整个企业系统。所以中层领导在解决危机时，不能片面局限、顾此失彼，必须采取合纵连横、循序渐进的系统运作，以达到迅速隔离危机的效果，最终标本兼治。

（六）情感原则（Sensibility）

危机处理不是冷冰冰的执行计划，而是与公众和受害者的深入交流沟通，中层领导应该站在对方的立场上换位思考，以理服人，以情动人，这样才能确定处理方式是否合适、处理结果是否得当。

二、危机处理的过程

（一）建立专项危机管理委员会

作为危机处理的领导部门和办事机构，专项危机管理委员会应专事专办，由企业主要负责人亲自参与领导处理工作的决策和落实，这有利于保证危机的有效解决。

（二）调查危机事件的前因后果

危机事件发生后，危机管理委员会应组织人手，广泛收集有关信息，尽快出具危机调查报告，上级部门以此为依据制定相应策略。

（三）分析危机情况，确定解决对策

各有关部门集体参与，对危机进行分析，确定方针，从社会效应、经济效应、心理效应和形象效应等角度，针对不同公众制订合理方案。

（四）企业分工协作，共同实施方案

落实方案是危机管理工作的中心环节。参与人员应该尽全力将危机带来的损害消除，同时做到既能忠于方案，又能及时调整。

（五）评估总结，改进工作

危机事件得以平息后，为了给类似事件提供参照性案例，还需要评估处理方案、撰写处理报告，并且通过分析危机事件发生的原因改进日后工作，避免再次发生此类危机。

三、危机处理的措施

中层领导在处理危机事件时，最大限度地调动内部资源是必须要做的，合理利用外部手段加以干预也是必不可少的措施。

（一）合法转嫁和分散危机

合法转嫁和分散危机的方法与具体措施如表9-4所示。

表 9-4 合法转嫁和分散危机的方法与具体措施

	方法	具体措施
企业内部	独立承担某种危机损失 由合伙人、股东来共同分担	关闭直接责任部门 停止生产问题产品 撤出某投资领域
企业外部	拓展危机承受主体数量，分散损失	合资经营 合作经营 发行股票 资产重组
	事先对企业投保	及时向保险公司索赔，取得流动资金

（二）做好危机公关，维护企业形象

危机发生后，公众反响强烈，难免会产生各种猜测和怀疑，媒体的报道更是火上浇油。想要维护企业形象，企业必须采取真诚坦率的态度，做好对外的危机公关工作。

需要注意的是，在选择对外发言人时，企业应该考虑到发言人是否足够权威、是否足够了解企业与危机情况、是否具有清晰敏捷的头脑以应对各种需要随机应变的场合。

危机中的四大公关主体如图 9-3 所示，针对这四大主体，企业的措施如下。

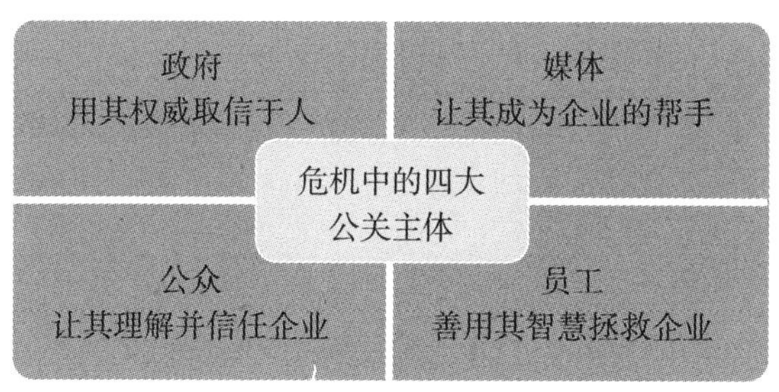

图 9-3 危机中的四大公关主体

1. 向政府汇报工作

公共利益关系着社会和经济秩序的稳定，是政府关注的重点。所以在处理危机时，社会公众利益也是首要考虑因素。

（1）针对政府的公关原则。

① 政府肩负正义的使命。

② 充分了解政府在此次事件中的需求。

③ 保证政府拥有充足曝光率。

（2）针对政府的沟通要点。

① 向政府主管部门汇报情况，表明企业的态度和立场。

② 提供企业有关资料，汇报应对与改进措施，及时、积极、主动地配合政府展开调查。

③ 积极寻求政府的支持和帮助。

④ 在政府进行处罚前，使其了解企业的困难和员工的想法。

⑤ 公布处罚结果后，企业公开表态接受。

2. 对媒体说明情况

掌握舆论主导权的方法是让企业自身成为发布消息的唯一权威性来源。在与媒体沟通时，如果危机已经发生、但真相尚未查明，企业可以介绍初步情况、应对措施，据此占领舆论阵地。

（1）针对媒体的公关原则。

① 记者并不会保守秘密。

② 重点关注摄影、摄像记者。

③ 媒体关注自己在事件处理中的影响力。

④ 媒体有自己的计划和目的，不会按照企业的意愿报道或不报道某些事件。

⑤ 媒体会隐瞒事实或夸大事实。

⑥ 媒体会采取其他方式从别处获取企业不愿透露的危机信息。

（2）应对网络危机的方法。

① 监测：建立网络实时监控系统，全面对网络上的企业负面信息进行过滤。

② 跟进：当网络中大量扩散不实负面报道时，立即控制源头。

③ 平衡：同步发布有利信息，引导舆论方向，转移公众对负面报道的关注。

3. 对外安抚公众

公众具有相互联结、复杂多样、自我矛盾、高度关注、跟随舆论、同情弱者、有罪推定等特点，在危机处理中，选取一小部分作为公众目标，便于有效公关。

（1）目标公众。

① 受到企业危机影响（正面与负面）的群体。

② 影响企业危机处理结果的群体。

③ 与企业危机有共同利害关系的群体。

（2）与公众沟通的要点。

① 解释已经发生的具体问题，告知企业正在寻求的解决方式，介绍公众希望了解的其他事项，明确表示企业知错必改的态度，感谢公众对企业的信任和支持。

② 持续关注、慰问危机受害者。

③ 公开道歉并承诺担责（确定因企业原因导致的伤害），表示遗憾和提供帮助（不确定因企业原因导致的伤害）。

④ 对于团体性质的公众，有针对性地与代表或领袖进行沟通和说服。

4. 对内安抚员工

（1）员工在危机事件中可发挥的作用。

① 员工持有正常积极的态度，有利于形成众志成城、共渡难关的氛围。

② 员工对事件本身有正确看法，能够出谋划策。

③ 员工是企业的代表，与企业共同对外发声。

（2）与员工沟通的要点。

① 第一时间告知员工企业的实际处境及将要采取的措施，强调危机的严肃性和严重性。

② 设身处地关注员工的职业、薪酬、生活质量会受到何种影响，注意与员工的沟通方式。

③ 让员工明确知道不应该以个人身份与媒体谈论危机事件，而应请记者直接与企业处理危机事件的负责人联系。

危机恢复期的善后与反思

一、危机恢复的意义

危机恢复也就是危机的善后工作，目的是消除危机处理后遗留下来的问题和影响，重建组织生产和社会秩序，恢复管理的决策、监控和协调，进一步提高企业危机管理能力。

二、危机恢复的步骤

（一）组建危机恢复小组

危机恢复小组的成员大多来自组织内部，全体成员共同执行决策。当组织内部人手不足时，也可以雇用外部组织参与进来。

（二）获取有关信息

危机恢复小组需要收集危机的第一手信息，了解危机的产生原因、处理措施、破坏性质和严重程度。为了取得对危机损失的全面认识，危机恢复小组既需要调查被危机影响的个人及群体，也需要进入危机现场进行测定和评估。

（三）确定危机恢复对象，根据重要性进行排序

危机恢复小组应该确定需要进行恢复的所有潜在对象，对重要的危机恢复对象给予更多的时间和资源。

（四）制订危机恢复计划

危机恢复计划大致包括以下几项内容。

（1）危机恢复对象总论。

（2）危机恢复的预算。

（3）分配给每种危机恢复对象的人力、物力资源。

（4）针对危机恢复对象的补偿和激励。

（5）与危机恢复对象的协调和沟通政策。

（五）执行危机恢复计划

在执行过程中，要做到修补和建设两手抓，充分考虑各个因素的关联和

变化，以便及时调整策略。执行结果应该达到：尽可能地修复危机带来的损害，同时利用危机带来的机会优化改善组织的运作机制。

三、危机总结的流程

作为企业危机管理的最后环节，危机总结至关重要。危机事件既会造成损失和伤害，也会带来经验和教训，中层领导对其加以总结，就可以避免重蹈覆辙。

危机总结的流程如图9-4所示。

图 9-4　危机总结的流程

（一）调查

系统地调查危机的发生原因、相关预防、处理措施。特别是在调查危机的发生原因时，要分清楚是企业内部原因，还是企业外部原因。

（二）研究

研究此次危机事件的处理措施，全面总结反思这些措施的利与弊、得与失，详尽列出存在的各种问题。

（三）评价

对危机处理过程（预警系统、危机现场、危机处理和善后事宜等）进行全面、客观的评价。

（四）整改

以危机为契机，对危机处理过程中存在的各种问题提出相应的整改措施，尤其是对企业的薄弱环节，责成相关部门加以落实。同时优化企业危机预警和危机处理系统，提高企业抗风险能力。

（五）存档

将整个危机事件处理过程的所有调查研究报告进行保存，为完善和修正危机处理系统提供经验和参考资料。

四、在危机中寻找和抓住难得的商机

企业危机并不等同于企业失败，转机往往就孕育在危机之中。危机让市场富有变化，而变化正是变革的机遇。假如中层领导可以敏锐地抓住危机中的机遇，就可以对组织的战略架构、运作过程、价值观念、内外关系等方面产生新的思考，企业由此启动创新变革，增进内部团结，重塑企业形象。

伟大的企业：在危机中发现机遇。优秀的企业：成功地化解危机。缺乏准备的企业：在危机中消亡。

※ 案例及分析

2001年9月，中央电视台《新闻30分》栏目曝光了一项恶性事件——南京冠生园“陈年馅料做新饼”。“好事不出门，恶事行千里”，事件曝光后，南京冠生园被推到了舆论的风口浪尖，饱受批评。而南京冠生园的反应着实让公众大跌眼镜。

在确凿无疑的事实面前，南京冠生园的管理层完全缺乏危机应对的正确经验，摒弃了勇于承认错误、主动与媒体和公众善意沟通、把危机遏止在萌芽的常规方法，选择了公开指责中央电视台歪曲事实，宣称“使用陈馅做月饼是行业普遍的做法”，甚至对某些厂家（竞争对手）指名道姓，企图将自己的所有责任一一撇清。

面对这些背离事实、推脱责任的说辞，媒体和公众完全不买账，事态开始恶化：媒体猛烈谴责、同行严厉批评、消费者投诉控告、经销商纷纷退货……2002年3月，南京冠生园申请破产。

南京冠生园在产品危机风暴中败笔横出、毫无章法，不仅亲手葬送了自己的前途，而且严重影响整个月饼行业的运营，2001年全国月饼行业损失在160亿元以上。

分析

一家有几十年历史的企业轰然倒下、土崩瓦解，真正应验了“千里之堤，溃于蚁穴”的老话。如果你是南京冠生园的主要负责人，在看到中央电视台的报道之时，你会采取什么措施来及时挽救企业于水深火热之中呢？可以按照以下步骤有条不紊地冷静应对。

（1）对问题月饼施行撤柜、召回，公布退货、问询热线，与消费者积极接触。

（2）随时向政府汇报事态发展、公司已经采取和将要采取的解决办法，争取上级管理部门的谅解。

（3）召开发布会，公开道歉，广泛声明“出现食品安全问题，企业会承担责任”，与媒体密切合作。

（4）企业进入停产整顿时期，开发新月饼种类、更换新包装及广告语。

（5）邀请监管、媒体、专家、消费者参观生产现场、品尝新品，给予客观的正面评价。

（6）新月饼上市销售，开展免费品尝等促销活动，同时聘请消费者担任市场质量监督员。

（7）再次召开发布会，邀请政府出面参与，表示企业闻过则改的积极行为。

（8）事态逐渐平息后，举办各种公益活动，重塑企业优质形象。

※ 内容小结

（1）危机管理是企业发展战略中的一项长期规划，有利于完善企业管理机制、推动企业变革和创新、维护企业形象。

（2）企业危机管理的三个阶段：危机防范、危机处理、危机恢复。

（3）中层领导要提高危机意识，建设危机预警体系，对危机进行及时确认与诊断。

（4）危机处理的原则：速度原则、坦诚原则、权威原则、灵活原则、系统原则、情感原则。

（5）危机处理的过程：建立专项危机管理委员会；调查危机事件的前因后果；分析危机情况，确定解决对策；企业分工协作，共同实施方案；评估总结，改进工作。

（6）危机处理的措施：合法转嫁和分散危机；做好危机公关，维护企业形象（向政府汇报工作、对媒体说明情况、对外安抚公众、对内安抚员工）。

（7）危机恢复的步骤：组建危机恢复小组；获取有关信息；确定危机恢复对象，根据重要性进行排序；制订危机恢复计划；执行危机恢复计划。危机总结的流程：调查、研究、评价、整改、存档。

※ 研讨与实践

（1）公司的哪些方面极易成为危机源头？是否已经采取措施降低风险？是否有相应的应急计划？

（2）如果危机发生，由谁担当对外新闻发言人？应该与哪些媒体接触？

（3）公司的竞争对手经历过哪些危机事件？如何处理？影响如何？假如同样的事情发生在你身上，该怎么做（照做或改进）？

第十章

绩效管理，利润与利益的共赢

无法评估，就无法管理。

——管理学家琼·玛格丽塔

传统绩效评估与现代绩效管理

企业的绩效导向会影响绩效考核的结果，同时直接决定了员工的行为方式。有时候，当出现问题之后，只要改变考核导向，问题很快便能得到满意的解决。

如今企业与企业之间的竞争，说白了就是“公司人才+管理系统”的竞争。很多企业都开始注重绩效管理。绩效管理是一系列活动构成的有机系统，由绩效计划、绩效实施与管理、绩效评价以及绩效反馈面谈组成，适用于任何工作。通过绩效管理，高层能够实施战略、实现公司目标；中层领导能够完成部门任务；普通员工则可以实现个人工作任务，提高个人绩效，挖掘各种潜能。

一、传统绩效评估的程序

当前我国很多企业做的并不是完整的绩效管理，而是传统的绩效评估。传统绩效评估的程序如图10-1所示。

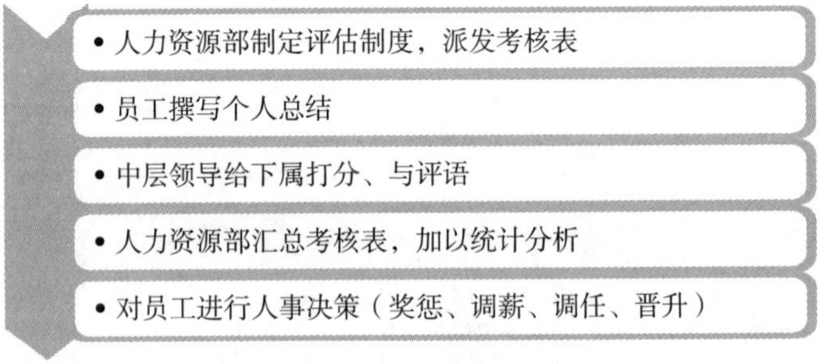

- 人力资源部制定评估制度，派发考核表
- 员工撰写个人总结
- 中层领导给下属打分、与评语
- 人力资源部汇总考核表，加以统计分析
- 对员工进行人事决策（奖惩、调薪、调任、晋升）

图10-1　传统绩效评估的程序

在这个传统绩效评估程序中，中层领导的主要角色是审判长或裁判，对下属的评价依据主要来自考核表，并依照这些结果来进行人事决策，如果员工对评估和奖惩结果存有异议，中层领导需要对其进行说服和安抚。传统的绩效评估程序带有一定的局限性，过于强调工作成效与奖惩对待的直接关系，与员工的个人利益紧密相连，很容易带来分歧、矛盾和纠纷，不利于实现提高企业整体绩效的目的。

二、现代绩效管理的过程

与传统绩效评估不同的是，现代绩效管理是一个完整的系统。它包括四个步骤：绩效计划、绩效实施与管理、绩效评估、绩效反馈面谈（见图10-2）。这四个步骤形成一个循环，主要目的是提高员工的绩效和企业的绩效。

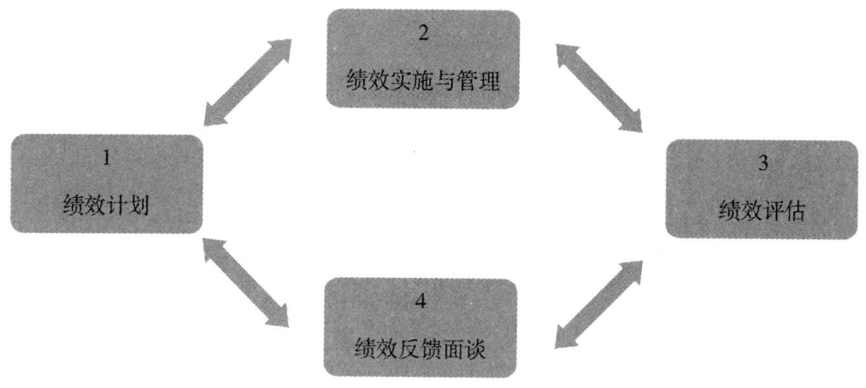

图 10-2 现代绩效管理的步骤

中层领导在现代绩效管理中的主要角色是教练和顾问。因此，适应角色的转变是做好现代绩效管理的前提，对自己在绩效管理中的主要职责理解到位可以帮助中层领导正确认识角色定位。通常而言，在整个绩效管理过程中，中层领导所要履行的职责如下。

（1）与下属共同设定绩效指标和标准，深度交流，达成共识。

（2）对下属进行日常工作方面的辅导，观察并记录下属的工作情况。

（3）对下属的工作绩效进行评估。

（4）依据评估结果，与下属进行正式的绩效面谈。

（5）制订绩效改进计划，并且与下属一起加以实现。

在整个绩效管理过程中，中层领导应一直在与下属进行不断地沟通，作为绩效管理的核心，沟通的存在让绩效管理更加人性化、具象化，发挥出了提高员工绩效的作用。同时，绩效管理是管理者与下属就如何实现目标达成共识的过程，是促使下属成功达到目标、取得优异绩效的过程。

三、传统绩效评估与现代绩效管理的区别

在很多人的认识里，绩效评估的结果便是绩效管理的重点。实际上，这是错误的认知，也是传统绩效评估带给人们的固化思维。那几张评估表很重要，但它们只是绩效管理的其中一个环节。简单来说，传统绩效评估与现代绩效管理的区别如表10-1所示。

表 10-1　传统绩效评估与现代绩效管理的区别

传统绩效评估	现代绩效管理
在管理过程中体现局部环节	管理过程是完整的
侧重于评估和判断	侧重于绩效提高和信息沟通
只在特定的时期出现	伴随着管理活动的全过程
事后的评估	实现沟通与承诺

中层领导应注意，不能将绩效评估当作绩效管理，绩效评估虽然能反映出一些问题，但有更多的问题是在绩效管理的其他环节中才能被发现的。如果单纯地只做绩效评估，而忽略其他三个步骤，是无法提高绩效的，还会带来许多矛盾和纠纷，最终将导致绩效管理的失败。

绩效计划是高效管理的基础

绩效管理的理想境界是没有意外，一切都应是顺理成章的。绩效计划是绩效管理循环的第一步。做好绩效计划，可以让中层领导进行高效率的管理，

为其他步骤打下坚实的基础。

一、绩效计划的内容

制订绩效计划是各级管理者和员工共同进行充分酝酿与沟通的过程。

【示例】

关于某集团如何制订绩效计划的说明

从第一季度开始，个人绩效评估体系有所变化，本说明从整个考核工作流程的角度对此进行说明。请对照《季度计划考核表》和《季度职工考核表》阅读。说明中未提及的地方没有变化。

1.《季度计划考核表》填写说明

（1）季度主要工作任务：一般不超过6项，不能确定的用“上级临时交办的任务”表示。中层领导在本季度主要工作任务中要包含管理业绩的内容，权重在20~40。建议从计划与组织、指导与监控、决策与授权、团队建设与管理和内部规章制度建设角度填写。

（2）考核标准:要具体并能够衡量,一般从任务完成的数量、质量、时效性、所花费的资源和客户（上级）的评价等方面确定。

（3）权重：经确认后，各项任务的重要性程度加总必须为100，其中“上级临时交办的任务”不能超过10。

（4）资源支持承诺：为达成目标所需的资源和上级的支持。

（5）参与评价者：在评价该项任务完成情况时需要征求意见的对象，如直接上级或项目负责人。

（6）计划确认签字：经确认的计划，由双方签字。

2. 计划制订要点

首先由被考核人制订工作计划，上交直接上级。

直接上级审核工作计划，并与被考核人充分沟通，最终予以确定。

由此可以看出，在绩效计划中通常包括下面几项内容（见表10-2）。

表 10–2　绩效计划的内容

员工在该绩效期间内能实现的工作目标
员工的工作职责和目标，设定相应的绩效标准
工作目标在各项工作职责的权重，什么是最重要的，什么是次重要的，什么是更次要的
每项工作的时间期限规定
员工在完成工作时，拥有的权利和可以使用的资源
评估员工会遇到的困难和障碍，需要哪些支持和帮助
中层领导会为员工提供哪些帮助和支持

【示例】

表 10-3 是某公司绩效计划表。

表 10–3　某公司绩效计划表

责任人：××	职位：大客户经理	直接主管：市场部经理
绩效时间：2018年1月1日至2018年3月31日		
1.工作目标		
完成对大客户的销售指标		
2.绩效指标		
大客户的数量		
销售额		
客户保持率		
3.衡量标准		
大客户数量达到20个		
销售额达到160万元		
客户保持率不低于89%		
4.完成期限		
2018年3月内		

责任人签字：　　　　直接主管签字：

时间：　　　年　　　月　　　日

分析

这个利用表格形式表现出来的绩效计划简单明了，其中包含了以下主要内容：工作目标、绩效指标、衡量标准和完成期限，让员工做到了理解充分、胸中有数。

二、如何设定绩效标准

设定绩效标准成为绩效计划中最重要的工作。只有中层领导明确了评估的标准，为员工提供工作的标准和尺度，员工才有努力的方向。想设定有效的绩效标准，以下几个要求必须符合。

（一）绩效标准是基于工作，而不是基于工作者

绩效标准应该以工作本身的难易和性质为基本出发点，以客观事实为基础，而不是针对每个员工、以个人的心理需求与意向为基础。

（二）绩效标准是可以达到的

这要求员工经过个人努力可以达到绩效标准的要求。如果所有员工拼尽全力依然达不到目标，这样的绩效标准是不合理的、不现实的。

（三）绩效标准是具体的、可以被衡量的

绩效标准应该足够具体，最好能用数字来表示，避免过于抽象、泛泛，否则就无法客观地加以衡量。绩效标准通常分为定量标准和定性标准两类。定量标准，比如“2018年的销售额达到500万元”“2018年10月的产量达到300吨”，这种有时间、有数量的内容很容易被衡量。定性标准，比如“执行某项工作的具体方法”“提升全体职工的责任感”“培养积极的员工工作态度”等，可以用文字对具体的行为加以描述，使其可以被正确衡量。在设定绩效标准时，定量标准与定性标准同样重要，缺一不可。

（四）绩效标准是有时间限制的

绩效标准必须写清楚时间，规定在某个时间内达成。例如“2018年5月内制定新的绩效管理制度”“2018年10月内招聘3名工程师”“2018年销售额达到200万元”。如果没有时间的限制，也就没有效率可言。

（五）绩效标准是经过一致同意的、众所周知的

想要运用绩效管理来达到激励下属、达到预定目标的目的，就必须强化

员工的工作积极性，而工作积极性的发挥离不开上下级在各个方面达成的共识。因此，中层领导要认识到绩效计划的过程是一个双向沟通的过程，要努力转变过去自上而下的管理方式。在设定绩效标准时，必须要上下级共同设定，对其中涉及的内容取得一致、清楚、准确的认识，尽可能地消除误解和分歧，经过双方同意后，再予以公示、加以执行。

（六）绩效标准要形成书面文字

绩效标准仅仅在口头上达成一致、形成口头承诺是不够的，要用书面形式确定下来，经过上下级签字认可，保证履行该绩效计划，以此为依据进行检查辅导、绩效评估和绩效改进，只有这样，才能为绩效管理提供法定依据。

如何顺利实施绩效计划

在绩效实施与管理过程中辅导、帮助员工达成预定目标，这是绩效管理的一个关键步骤，贯穿整个绩效管理过程的始终，需要中层领导积极参与进来。简要来说，中层领导在这个步骤要做好两项工作：其一，与员工进行持续沟通，了解其工作进展情况，旨在纠正偏差、解决困难；其二，做好绩效观察和记录，为绩效评估和改进提供依据。

具体而言，有以下需要注意的事项。

一、与员工进行持续沟通

（一）沟通的目的

很多绩效管理的误差，实际上是没有进行充分的事先沟通造成的。中层领导想要了解到员工的工作进展和障碍，不能仅凭工作日报等数据，还需要与员工进行面对面的沟通。中层领导可以采用正式方式的沟通，比如会议、书面报告、正式会谈等，也可以在轻松愉快的氛围中进行非正式方式的沟通，比如走动式管理、开放式办公、聚会聚餐等。通过多种渠道加强上下级之间的交流，便于中层领导深入了解基层情况，甚至可以帮助其了解到一些隐情，有的放矢地为员工提供必要的支持，帮助员工清除工作上的障碍。

（二）沟通的内容

沟通的内容如表10-4所示。

表10-4　沟通的内容

员工的工作进展情况
员工的工作做得好的地方有哪些
员工的工作做得不尽如人意的地方有哪些，员工分析原因
是否偏离了预定的绩效计划，假如发生偏离，员工会自行采取的纠正措施
中层领导是否需要提供支持和帮助，或者调整预定的绩效计划

（三）沟通的原则（见图10-3）

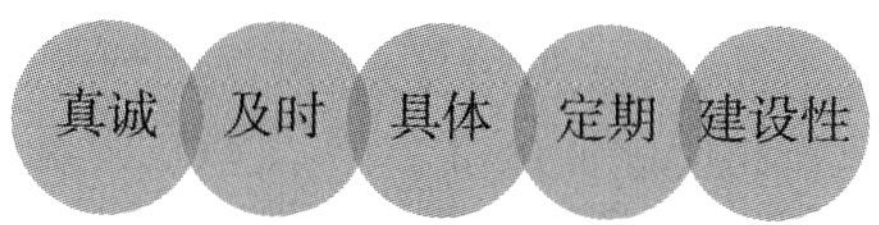

图10-3　沟通的原则

1. 沟通应该真诚

真诚是所有沟通行为的基础，只有态度真诚的、没有隐瞒的沟通才能帮助中层领导获得大量真实信息，才能真正让沟通为预防问题和解决问题服务。

2. 沟通应该及时

在问题出现前或出现时，中层领导就应该将之消灭于无形中或及时解决，越早沟通，越早止损。

3. 沟通应该具体

沟通应该具有针对性，具体事情具体对待，不能泛泛而谈，否则既没有效果，也没有效率。

4. 沟通应该定期

中层领导需要与员工事先约定好沟通的时间和时间间隔，这样可以保持沟通的连续性。

5. 沟通应该具有建设性

能够帮助员工切实提高绩效水平的沟通内容，绝对不是陈词滥调、流于形式的，而应该是具有建设性的内容，既有切实可行的方法论，也有新颖独到的创意想法。

二、做好绩效观察和记录

为了保证绩效评估的公平、公正，使评估结果有据可查，中层领导还需要做好一项工作，那就是观察并记录有关员工绩效的信息资料。

这项工作是非常具体的，也会非常琐碎，因此很多中层领导不愿意把自己的宝贵时间用在主动和全面地观察和记录员工的绩效表现上，这就导致他们在进行绩效评估时，更多地依靠主观印象而不是实际情况，评估结果失去了客观性，上下级的看法缺乏一致性，必然会引发员工的不满，导致矛盾和纠纷频生。

【示例】

某公司绩效记录与稽核规定

（1）为保证年终考核、年终评价的公平、公正，被考核人员的直属主管在日常管理中，需要注意收集事实，观察和记录必要信息，做好绩效记录并形成管理文档。

能够成为绩效记录的凭证如下：

《周工作总结》及相关反馈。

《月工作总结》及相关点评。

季度及临时绩效沟通记录表（见表10-5）的相关内容。

表10-5 绩效沟通记录表

<table>
<tr><td>员工姓名：</td><td>所属部门：</td><td>员工职位：</td></tr>
<tr><td>主管姓名：</td><td colspan="2">主管职位：</td></tr>
<tr><td colspan="3">员工的工作目标和工作职责：</td></tr>
<tr><td colspan="3">评估员工的工作进展情况：</td></tr>
<tr><td colspan="3">改进措施：</td></tr>
<tr><td>主管签名：</td><td colspan="2">员工签名：</td></tr>
</table>

《奖励单》和《处罚单》。

有关绩效的其他书面或电子文档资料。

（2）绩效记录的稽核。

为保证绩效记录的完整、真实、有效，有关职能人员和职能部门（包括人力资源部）有权力和责任对绩效记录情况进行稽核。

每季度的第一个月，人力资源部对各部门的绩效记录情况进行抽查，针对绩效记录中出现的不完整、不真实等状况，稽核人员需要将稽核结果形成书面报告提交给被稽核部门的上级主管，由被稽核部门的上级主管对有关人员予以处罚。

分析

绩效记录不是一件可有可无的工作。中层领导需要重视这项工作，企业也要把绩效稽核落到实处，从管理制度的角度，严格推行和规范这项工作的操作流程。

（一）需要收集的信息

需要收集的信息如表10-6所示。

表10-6　需要收集的信息

工作结果	工作过程	
产量	绩效不佳的原因	绩效突出的原因
销售额	确认是企业外部原因，或企业内部原因； 员工个人原因，或其他人原因； 工作态度原因，或工作能力原因	找到绩效突出的原因； 总结有效的工作方法； 在部门中进行宣传推广
利润		
工作进展情况		

（二）收集信息的方法

收集信息的方法如表10-7所示。

表 10-7　收集信息的方法

观察法	直接观察员工的工作表现，同时依据情况给予不同的激励
工作记录法	员工自行记录工作目标的完成情况
他人反馈法	找到员工的服务对象或与其工作有联系的同事，向他们了解情况

绩效评估的方法

在绩效评估中，谁是评估者？很多人都认为是人力资源部。其实评估者是员工的直接领导，而不是人力资源部。因为直接领导离下属最近，最了解下属，对下属的绩效评估是最有发言权的。因此中层领导必须肩负起这个分内之事。

在一些中层领导的错误认识中，绩效评估的目的就是给下属打分。实际上，打分只是一个先行目的，真正的目的是诊断、分析、解决、提高。也就是说，中层领导要首先依照各种数据和日常观察，对员工的工作绩效给予具体的评估分数，然后从宏观上进行诊断，从微观上找出工作中表现出来的优缺点，继而分析产生这些问题的各种原因，针对棘手难办的问题设计出相应对策，最后通过这些结果、结论与措施来调整员工未来的绩效。

一、绩效评估的方法

绩效评估结果直接作用于员工的自身利益和长远发展，中层领导必须努力做到公平、公正，以下几种常用的评估方法可以斟酌使用。

（一）等级评定法

等级评定法的特点是简单易行、应用广泛。其操作形式是，以每一个评价要素或绩效指标为单位，有针对性地给出对应的定义和描述，并区分为明确的不同等级。比如，在评估表上，将每个项目分成五个等级，用“5、4、3、2、1”或“超、优、中、次、劣”或“非常好、良好、中等、普通、不太好”这样的表述加以排列。中层领导根据员工所属的等级评定出该项目的分数，最后综合各个项目的分数，累计得出最终绩效评估结果。表10-8是某公司等级评定表。

表10-8 某公司等级评定表

员工姓名：	部门：				
评估人：	时间：				
注意：在下列各项绩效因素上，请指出你所评估的员工在表上的位置					
评估内容	非常好 5	良好 4	中等 3	普通 2	不太好 1
1.独立性					
2.自主性					
3.工作态度					
4.人际关系					
……					
20.工作品质					
合计：					

1. 等级评定法的优点

操作起来简单方便，能够以最快速度完成评价工作。

2. 等级评定法的缺点

在进行等级评定时会涉及很多方面，例如员工的性格、爱好、做事风格、学历、学识、行为举止等，有的中层领导常会依据个人喜好、个人印象打分，任人唯亲、有失公允。比如，可能会根据自己认为的性格类型，“A是一个认真细心的人”“B是一个沉默内向的人”，先将员工分类，由此给出不符合实际的评估分数。

有些中层领导会出现敷衍了事的情况，只想当好好先生，不愿意得罪下属，陷入一种仁慈的误区，将评估尺度把握得比较宽松，给予高出员工实际工作绩效的分数，或是采取折中主义，造成员工的评分都比较接近，看不出他们之间的差距。

不能严肃认真地进行等级评定，对员工而言，虽然给他们带来更多实际利益（如奖金、加薪、晋升），却很难让他们以此为标准去引导自己的行为，无法真正激励员工努力工作、提高未来工作绩效，对企业而言，也让绩效管理的执行失去了意义，不能为绩效改进、人事调整提供客观依据。

（二）强迫分布法

强迫分布法，即强制规定各个被评估者成绩所占的比例，比如，规定优秀者应占总人数的10%，良好者占15%，中等者（绝大多数员工是属于工作表现一般的）占50%，中下者占15%，差者（表现较差，不能达标的这一部分人）占10%，并将符合标准的员工按照这种比例放入对应的类别中。表10-9是某公司根据强迫分布法设计的绩效评估表。

表 10-9　某公司根据强迫分布法设计的绩效评估表

	优秀10%	良好20%	中等40%	中下20%	差10%
员工	A1	B1	C1	D1	E1
	A2	B2	C2	D2	E2
		B3	C3	D3	
		B4	C4	D4	
			C5		
			C6		

1. 强迫分布法的优点

强迫分布法比较适合相同职务的员工较多的情况。在引入员工淘汰机制、准备进行裁员活动的企业里，强迫分布法非常有效，可以迅速筛选出不合格的淘汰对象。同时，这种“落在最后就会被淘汰”的危机感，也可以对那些表现平平、滥竽充数的员工起到强制的激励和鞭策作用，促使他们发挥主观能动性与自身潜能力争上游。

2. 强迫分布法的缺点

在使用强迫分布法时，中层领导必须慎重地评价下属的工作优劣，否则很容易将其分配到不恰当的类别中，让评估结果失去准确性。

比如，当员工人数较少而且工作能力都同样优秀时，硬要分出个优劣，非要让每个区间里都有员工，那么绩效评估的结果就会严重偏离实际情况，会打击员工的士气，影响员工的积极性，降低绩效，激励效果也大打折扣。

再比如，有的中层领导在进行绩效评估时，认为某个员工表现得兢兢业业、任劳任怨，即使最后没有保质保量地完成任务，也会将其分配到较高的评估区间，这种“激励”不利于提升工作绩效。

所以，在进行绩效评估时，中层领导要注意对事不对人，只评估与绩效有关的方面。对于工作业绩明显的岗位来说，绩效评估的重点是工作业绩，而不是工作能力和态度。工作业绩的权重是80%，工作水平和态度只占20%，这个比例是比较合理的。

（三）排序法

排序法，即将被评估者与全部员工进行比较，在排列次序中安排位置，按照高低次序决定绩效评估结果的优劣。这种方法可以为中层领导做出加薪、发奖金、晋升、培训等奖励行为提供可靠依据，比较适合正在起步的企业。通常，中层领导首先要选出最佳员工与最差员工这两个极端，然后把余下的员工按照优劣顺序进行排列。表10-10是某公司排序法绩效评估表。

表 10-10　某公司排序法绩效评估表

员工	评估结果	次序
A	好	1
B	次差	6
C	一般	3
D	一般	4
E	一般	5
F	差	7
G	次好	2

1. 排序法的优点

操作过程简单，评估结果简洁易理解。

2. 排序法的缺点

如同给学习成绩排名一样，这种评估方式很容易造成员工的过度攀比和不正当竞争。而且在排序法中，不管真实绩效如何，也必须有人名列第一，硬着头皮“在矮子里拔将军”，这就导致了评估结果的失效。

（四）对偶比较法

与排序法类似，对偶比较法通常是在每个评估要素上，使用同一种衡量标准，将每个员工和其他员工进行比较。比如，部门里一共有5名员工，在“工作效率”这项评估要素上比较优劣，首先将A和B相比，如果A比B差，A就是“-”，B就是“+”，随后A再和C比、和D比、和E比，与四个人比较完后，总结A一共有多少个“+”。依此方法，将B与A、C、D、E进行比较。表10-11是某公司对偶比较法绩效评估表。

表10-11 某公司对偶比较法绩效评估表

评估要素：工作效率					
比较对象 考察对象	A	B	C	D	E
A		+	+	−	−
B	−		−	−	−
C	−	+		+	−
D	+	+	−		
E	+	+	−	−	+

注：“+”表示好于；“−”表示差于。

在表10-11中，根据所得“+”的个数之和排序，得出结论，B为最好。

1. 对偶比较法的优点

孰优孰劣的结果一目了然，便于中层领导据此做出加薪、发奖金、晋升的人事决策。

2. 对偶比较法的缺点

是“+”是“-”，很大程度上取决于中层领导对员工的看法，评估者的角色相当于法官，给予中层领导的主观权力比较大，因此对其是否具备做出公正客观评价的能力要求也很高。在评估中，绩效评估的正确性常常受中层领导个人因素的干扰而出现偏差，比如中层领导很容易因为下属在某项工作上的表现很优异，就给予相当高的评分；相反地，则在绩效评估时全面给予相当低的评分。

（五）目标管理法

目标管理法是一种注重过程、潜在有效的绩效评估方法。上下级共同商定员工的个人目标，依据目标明确各自的责任，将这些目标作为评估、奖励员工的标准，激发员工的自我管理意识，根据目标的执行情况实施控制，把评估的关注点从员工的工作态度转移到员工的工作业绩上。

1. 目标管理法的优点

将员工的个人目标和部门目标、企业目标紧密联系起来，尽可能地实现双赢，减少了双方在评估结果上的意见分歧。

2. 目标管理法的缺点

比起简单的等级评定法和排序法，目标管理法需要中层领导花费更多的时间去监督和控制，还需要双方都具备较高的确定目标和标准的技能。

（六）关键事件法

关键事件法，即由中层领导或专门人员分析研究各种不同工作，找出被评估员工的突出典型行为（包括绩效突出的关键事件，也包括不良绩效的关键事件），形成书面记录，通过这些关键事件评估员工的工作绩效。比如，“11月9日，对工作方法提出改善建议”“10月6日，拒绝协助同事完成紧急工作任务”等。通常，这个方法会作为其他绩效评估方法的补充，不单独使用。

需要注意的是，大多数企业都规定一年对员工的表现进行一次评估，到年终时中层领导可能会忘记早期发生的事情，只记得近期发生的事件，导致在关键事件的评估上出现遗漏。因此中层领导在平时要留心收集并书面记录被评估人的关键事件，但对普通的工作行为则不必记录。

二、绩效评估结果的用途

（一）用于分配和调整薪酬

为了增强薪酬的激励作用，可以把薪酬中的一部分与绩效评估结果挂钩。工作岗位不同，工作难度不同，与绩效评估结果挂钩的薪酬所占比例也不尽相同。

（二）用于变动职位

假如员工在某方面的绩效特别显著，便可以让他在这方面承担更多的责任，予以晋升，反之，则应该通过职位变动让他从事适合的工作。

（三）用于开展员工培训和制订个人发展计划

员工可以通过绩效评估认识到自己在工作方面的得失与好坏，中层领导也能找到有针对性培训和扶持的空间。

（四）作为衡量选拔、培训、激励员工工作是否做到位的效标

效标，即衡量某个事物是否有效的指标。想要考查人才选拔的正确与否，可以依据被选拔者与未被选拔者的实际绩效评估结果判断；想要考查员工接受培训之后的效果，可以依据培训后一段时期内的绩效表现；同理于其他管理工作，比如对员工的激励措施是否收到实效。

绩效反馈面谈的技巧

一、绩效反馈面谈的目的

（一）在被评估者的表现上取得一致认识

每个人在评价评估事物时，都会采取不同的标准和方法，中层领导看待员工的绩效表现是这样的，员工看到自己的绩效表现又是那样的，各有证据、各执一词，谁也不认同谁，遇到这种情况，一次以深度沟通为形式的绩效反馈面谈就非常必要了。只有给予员工充分表达自己意见的权利和机会，让双方达成一致认识，才能顺利进入制订绩效改进计划这个步骤。

（二）正面激励，鼓励其精益求精

每个人都有被他人认可的需要。所以，绩效反馈面谈的目的就是使员工清楚认识到自己的工作成就与自身优点，从而对员工起到正面激励作用。

（三）就事论事，指出有待改进之处

中层领导除了要指出员工的工作成就与自身优点外，还要在绩效反馈面谈中指出员工存在的问题与缺陷，特别是近期有待做出改进的地方，制订绩效改进计划，帮助员工明确努力的方向，以利于员工有针对性地对这些问题加以调整、改进、杜绝。

（四）协商和制订下一个绩效管理周期的绩效计划

绩效管理过程是一个循环。一个绩效管理周期的结束，就是下一个绩效管理周期的开始。讨论完员工在本周期的绩效表现、评估结果和绩效改进计划之后，双方还需要继续商定下一个周期的绩效计划，保证绩效管理过程的连贯性。

二、绩效反馈面谈的技巧

（一）找准机会，经常进行

有些中层领导虽然重视绩效管理，但是对绩效反馈面谈的重视度不足，仅仅是每年年底时与员工进行关于绩效工作的总结性沟通，这就导致了员工在很多地方存在的误区和问题没有得到指点和纠正。因此，绩效反馈面谈应该经常进行，以便及时掌握员工的缺点，立即帮助其改正，减少不必要的损失。

（二）营造适宜的谈话氛围，鼓励员工主动交流

在宽松、开放的氛围中，与员工进行沟通，他们更容易畅所欲言，有利于共同解决绩效管理中出现的问题。因此中层领导应该积极营造这种谈话氛围，而不是将绩效反馈面谈变成单方面的告知和命令。

（三）在反馈评估结果前，先让员工进行自我评价

自我评价是绩效反馈面谈中必不可少的步骤，既有利于员工回想和评估自己工作表现中的优点和缺点，也有利于中层领导找到自己与下属在绩效评估上不同的认识，便于在接下来的时间里集中讨论这些有分歧的问题。

（四）尽量少批评，针对工作而不针对人

在进行绩效反馈面谈时，往往会提到负面反馈的内容，这是中层领导不容易开口的，也是员工不想听到的，容易激起员工的反感和抵触情绪。但是只有表扬、没有批评的绩效反馈面谈是不完整的。这时候中层领导就要注意语言艺术，其一，批评的话语不能贯彻面谈的始终，要控制好量和度；其二，批评的对象应该是员工的工作行为或结果，而不是员工本人；其三，批评的重点应该放在指出不足后如何改进上，而不是滔滔不绝抓着错误不放。

※ 案例及分析

表10-12是某公司员工月度考核表。

表10-12　某公司员工月度考核表

姓名		月份	部门			
考核项目	考核重点	完成情况简述	重要性系数	自评	直接主管	部门主管
工作业绩（80%）	专项工作					
	日常工作达标情况					
考核内容		考核细则	权重	自评	直接主管	部门主管
工作能力和态度（20%）	知识技能					
	沟通能力					
	执行力					
	反应速度					
	团队协作					
	敬业精神					
加分项目	创新 自主学习					
总得分=工作业绩+工作能力和态度+加分项						
直接主管评语				直接主管签名		

续表

<table>
<tr><td>部门主管评语</td><td></td><td>部门主管签名</td><td></td></tr>
<tr><td>员工签名确认</td><td colspan="3"></td></tr>
<tr><td colspan="4">若满分为10分（否则按比例）评分标准参照如下：
超出本岗位所要求评10分；
符合现有岗位要求评8分；
基本符合岗位要求评6分；
离岗位要求有一定距离，经培训或指引后基本达到要求评4分；
离岗位要求有较大距离，经培训或指引后仍不能达到要求评2分。</td></tr>
</table>

注：本表与月度工作计划表同时使用。

分析

绩效评估结果与员工的薪酬、晋升和培训等紧密挂钩，保证评估结果的客观公正是中层领导义不容辞的责任所在。针对以上这些评估内容，中层领导填表时必须考虑全面周到、有理有据、不偏不倚。

※ 内容小结

（1）现代绩效管理是一个完整的系统循环，包括四个步骤，即绩效计划、绩效实施与管理、绩效评估和绩效反馈面谈。绩效评估只是其中的一个步骤。绩效管理的核心是沟通。

（2）有效绩效标准的特征：①绩效标准是基于工作，而不是基于工作者；②绩效标准是可以达到的；③绩效标准是具体的、可以被衡量的；④绩效标准是有时间限制的；⑤绩效标准是经过一致同意的、众所周知的；⑥绩效标准要形成书面文字。

（3）在绩效实施与管理环节中，中层领导除了要与员工进行持续的沟通，了解工作进展情况，纠正可能的偏差、解决员工遇到的困难外，还要通过观察记录员工的工作情况，为绩效评估和改进提供依据。

（4）绩效评估的方法：①等级评定法；②强迫分布法；③排序法；④对偶比较法；⑤目标管理法；⑥关键事件法。绩效评估结果的用途：①用于分配和调整薪酬；②用于变动职位；③用于开展员工培训和制订个人发展计划；④作为衡量选拔、培训、激励员工工作是否做到位的效标。

（5）绩效反馈面谈的技巧：①找准机会，经常进行；②营造适宜的谈话氛围，鼓励员工主动交流；③在反馈评估结果前，先让员工自我评价；④尽量少批评，针对工作而不针对人。

※ 研讨与实践

（1）制订一份针对某具体员工的绩效计划，并与之进行深度沟通，避免分歧。

（2）在进行绩效观察和记录时，你通常使用什么方法收集信息，是否做到了及时、全面、客观？

（3）你在绩效评估时采用的是什么评估方法？具体操作起来有何阻碍？

（4）回忆一下你经历的一次最为棘手的绩效反馈面谈，如果再给你一次机会，你会如何改进自己的沟通技巧？

第三篇

我要会什么——善治人者，亦善治己

第十一章

激励员工，实现人与企业的共进

盘活企业，首先盘活人。如果每个人的潜能发挥出来，每个人都是一个太平洋，都是一座喜马拉雅山，要多大有多大，要多深有多深，要多高有多高。

——张瑞敏

最常见的五种激励理论

“公司是船，员工是开动船只的人”，激励就是在给船增加动力。中层领导学会有效激励的方法，不仅可以鼓舞士气，调动员工的工作积极性，更能让他们产生超越自我和他人的期望，将巨大的潜力释放出来，为企业的发展奉献自己的热情，这非常有利于提高企业绩效，加强组织凝聚力。

在现代企业中，管理的重心早已经从物转向了人，人的作用和力量越来越突出，人已经成为企业最重要的资源，即人力资源。作为一名合格的中层领导，管理的核心就是管好下属，激励正是人力资源管理的重要内容，需要做到正确地认识和运用激励理论来指导自己的工作，调动员工的积极性和创造性，从而更好地开发人力资源，使员工努力完成企业任务，实现企业目标。

下面笔者分别介绍几种有关激励的理论知识，以帮助读者更好地理解激励的核心和机制。

一、马斯洛需求层次理论（了解下属的需求）

马斯洛需求层次理论是当代最著名的激励理论。他将每个人的需求依据高低等级划分为以下五种（见图11-1）。

马斯洛认为，人的需求是逐层上升的，生理需求、安全需求，称为低级需求，社会需求、尊重需求与自我实现需求，称为高级需求。当低级需求获得满足之后，更高层次的需求就会占据主导地位，成为工作和生活中的重点。

生理需求

- 食物、水、住所以及其他方面的生理需求。

安全需求

- 保护自己免受身体和情感伤害的需求。

社会需求

- 涉及友谊、爱情、归属感及接纳方面的需求。

尊重需求

- 涉及自尊和受到他人的尊重的需求。

自我实现需求

- 与成长发展、激发潜能、实现理想有关的需求。

图 11-1　马斯洛需求层次理论

假如中层领导想对下属进行有效激励，掌握他目前所处的需求层次非常重要，据此着重满足这一层次或此层次之上的需求，就可以达到事半功倍的效果。比如，若是下属目前处在尊重需求这个层次上，那么更多的信任、鼓励、奖励、荣誉便是能够解锁其内心的金钥匙，可以加强其工作上的主观能动性，让其提高自我管理、自我控制能力，从而发挥出自身的最大潜力。

二、X 理论与 Y 理论（激励，还是惩罚）

麦格雷戈提出的 X 理论与 Y 理论涉及人性的两个对立面：消极（向恶的）与积极（向善的）。

（一）X 理论基于的假设

（1）员工主观上对工作感到厌恶和抗拒，喜欢安逸，缺少雄心壮志，只要获得机会，他们就会做出得过且过、逃避工作的举动。

（2）员工宁愿被领导批评，也不愿意承担责任，视个人安全高于一切。

为了让天生懒惰、不负责任又不愿改正的员工能够安心工作，中层领导需要采取严密的控制监督、软硬兼施的管理措施，比如惩罚这种强制手段，与规章、制度、规则等相结合，以此来规范员工行为，使员工集中精力工作，从而提高工作效率。

（二）Y 理论基于的假设

（1）员工将工作、休息、娱乐一视同仁，不存在偏见和偏爱。

（2）通常他们不仅能承担自己的责任，还会主动寻求其他责任来承担，员工在工作时会进行自我指导和约束，基于组织目标和个人目标来完成任务。

（3）大多数并非担任管理职位的员工也同样具备正确决策的能力，有相当程度的想象力和创造才能。

中层领导应该以激励为主，通过满足员工的多种需要，实现员工的自我满足，激发员工的工作热情，使个人和组织目标融合一致，达到提高工作效率的效果。

因为人的个性和需求是千差万别的，所以最合理的管理方法就是“胡萝卜加大棒”，让激励和惩罚并用，做到赏罚分明、恩威并重。避免出现只惩罚不激励、只激励不惩罚的极端情况。聪明的中层领导往往还能把惩罚转化为激励，使下属心服口服。

三、双因素理论（满意，还是不满意）

管理与心理学家赫茨伯格认为影响工作动机的主要是以下两种因素（见图11-2）。

保健因素

• 关于工作背景，比如薪水、工作条件与工作安全等。

激励因素

• 关于工作的内容或工作本身，比如工作成果、社会认可和社会责任等。

图 11-2　影响工作动机的主要因素

保健因素与激励因素的区别在于：如果没有满足保健因素，员工就会感到不满意，反之则感到满意，满意程度和满足程度直接挂钩；激励因素的满足与否却并不直接影响员工的满意程度，即便激励不足，员工通常也不会由此产生不满情绪。

在实际工作中，中层领导应该借鉴双因素理论，协调好保健因素和激励因素的比例，设法满足保健因素，物质需求的满足是必要的，可以防止员工产生不良情绪，保障工作的平稳进行；但是物质需求的满足效果也是有限的、难以持久的，随着温饱问题的解决，满足激励因素，实现量才录用、各得其所，这种内在激励的重要性越来越明显，中层领导可以通过给予表扬和认可、丰富工作内容、扩大工作范围、委以重任等方式来调动员工的工作积极性，这样才能创造出一流的工作成绩。

四、公平理论（公平，还是不公平）

亚当斯提出的公平理论认为，员工对自己所得报酬会产生自我知觉和比较心态，不自觉地把自己付出的劳动和所得报酬与他人付出的劳动和所得报酬相比较，也会把自己现在付出的劳动和所得报酬与自己过去付出的劳动和所得的报酬进行历史比较，这种比较会影响工作动机。

假如员工所得报酬低于别人或自身，便由此产生认知失调，导致心理失衡，集中体现为产生不公平、紧张、满腔怨气的感觉。为了减轻或消除这种情绪、恢复心理平衡，员工会采取某种行动，很可能是消极或过激的行动。

假如员工所得报酬公平合理，发现自己的收支比大于或等于他人的收支比时，或现在的收支比大于或等于过去的收支比时，便认为是应该的、正常的，因此感到满足、心情舒畅，其行为也趋向于积极乐观，会更加努力工作。

由此可见，只有公平的报酬，才能让员工感到满意，并且起到激励作用。评价报酬是否公平的标准并不完全看其绝对值，还要参照社会比较、他人比较、历史比较的结果。但是这不意味着更高的报酬就一定会带来更好的激励效果。假如给予实行计件工资制的员工以高报酬，他们可能会通过降低产量、保证质量的方法来维持工作量与薪酬的平衡；反之，如果给予实行计件工资制的员工以低报酬，他们就会以降低质量、增加产量的办法来维持收入稳定。

五、雁阵理论（带头飞、比着飞、一起飞）

生物专家们经过研究后发现：雁群在天空中飞翔，一般都是排成“V”字阵或“一”字斜阵，大雁群飞时会比一只大雁单独飞行增加71%的飞行动力，这是它们飞得最快最省力的方式。管理专家们将这种原理运用于管理学，称为雁阵理论。

雁阵飞得快、飞得省力，离不开以下三种机制发挥作用（见表11-1）。

表 11-1　雁阵理论的三种机制

带头飞的激励机制	中层领导、优秀员工在工作中发挥先进性和模范带头作用，引领其他员工坚持团队方向
比着飞的竞争机制	形成“比、学、赶、帮、超”的良好竞争氛围，让优秀员工脱颖而出
一起飞的长效机制	每个员工都应该重视团队协作，拥有共同的目标和团队精神，努力承担责任，竭尽全力地完成工作

激励员工的原则

一、激励要因人而异

由于不同员工的需求不同，所以激励的方式和结果必须对特定的员工具有特定的积极意义，要做到了解员工的真正需要，进行个别化激励，才能有效激励每个员工，否则只会事倍功半。

因人而异的激励原则有两个着眼点：一是相同的激励手段对不同的人起到的激励效果不一样；二是同一员工在不同时间或不同环境下也会有不同需求。

制定激励政策和实施激励手段时，中层领导首先要调查清楚每个员工真正需要的是什么，将这些需求整理、归类，比如，有的员工的需求是高报酬，有的员工的需求是充足的休假时间，有的员工的需求是平淡稳定的“大锅饭”工作，有的员工的需求是具有一定难度和风险、能体现自身价值也能提高自己能力的工作；然后，根据员工的不同需求和情况，有的放矢地制定相应的激励政策，可以模仿自助餐的模式，为员工提供有自主选择权的多元奖励。

二、激励要及时

等到发年终奖时才大手笔地激励员工的行为并不是最合理的做法。与其零存整取，倒不如随存随取，每当员工有良好的表现时，中层领导就应该通过走动式管理的方式，多花一些心力，及时给予适当的激励。这样员工就能从每天的工作中感受到安慰和鼓舞，那么每天的工作成效也就能同步大幅度提升。

三、激励要明确

这里的明确包括两个方面，一个是员工明确如何做才会获得激励，另一个是员工明确自己是因为什么而被激励。

通常来说，中层领导都习惯于在员工有了好的表现后才予以激励，俗称“马后炮式”激励。事实上，在事前抢先一步就制定明确的激励制度，为员工提供兼具挑战性与达成性的工作目标，这种“未雨绸缪式”激励可以鼓舞员工采取可行的措施，积极努力地完成目标和任务，让他们更加好好表现。

中层领导必须事先让员工明确知道：企业会提供哪些激励，有什么样的评估标准。不要使用“如果今年公司营业额不错，你们就会得到奖金”的表述方法，而要清楚地解释以下问题：公司营业额达到多少时，公司营业额的百分之几会作为员工奖金发放，员工会在什么时候拿到奖金。

模糊地称赞一句“你做得不错”，对于员工而言，激励效果很一般，他不知道自己具体哪些方面做得好，也就找不到今后应该坚持和发扬的地方，无助于他重复良好的表现、保持并提高业绩。所以，中层领导要明确指出员工的哪些方面、哪项任务做得很好、好在哪里、好到何种程度。

四、激励要公平

激励要公平是激励员工的重要原则之一，员工受到的任何不公待遇，都会影响工作效率和工作热情，并且影响激励效果。所以，中层领导在处理问题时，一定要持有公平心态，要做到一视同仁，要“一碗水端平”，摒弃对员工的偏见和喜好，避免随心所欲、率性而为。

如何保障公平性？这就要求中层领导在使用激励手段时，必须使之与企业的激励制度相符，建立员工认为公平的绩效评估及奖惩标准，并且严格执行，引导员工努力做好工作、提高业绩。

对取得同等成绩的员工，要给予同等层次的奖励，奖励措施可以不相同，但是奖励价值务必大致相当；对犯下同等错误的员工，也要施加同等层次的惩罚，在处罚时，还要避免出现过激的言语和行为。

五、激励要适度

激励要适度，奖惩过重或过轻都会造成不良后果，如表11-2所示 。

表 11-2　奖惩过重或过轻的不良后果

奖励过重	滋生员工的骄傲和满足的情绪，不利于他们进一步提高自己的工作能力
奖励过轻	难以实现激励效果，或让员工感觉自己没有得到应有的重视
惩罚过重	员工会有不公平的感觉，失去对公司的认同感，甚至产生怠工或破坏的想法
惩罚过轻	员工会轻视错误的严重性，日后犯同样错误的可能性较高，屡教不改

可见，奖励和惩罚的程度都应该适当，过多过少都不行，不能让下属的行为太容易达到被奖励或者被处罚的界限，否则会使他们失去兴趣，达不到激励目的，影响激励效果，还会增加激励成本。

六、奖励正确的事情

在具体实施时，假如一直奖励错误的事情、奖励不合理的工作行为，那么错误的事情就会不断发生，还会带来不少负面作用。中层领导在施行激励措施时，应该以企业的整体目标和利益为出发点，促使下属的个人目标和努力方向与企业目标一致，这样他们才能做出对企业有利的工作行为。

表11-3是应该奖励和避免奖励的工作行为。

表 11-3　应该奖励和避免奖励的工作行为

应该奖励	避免奖励
彻底解决问题的行为	只顾眼前利益的行为
承担风险的行为	回避风险的行为
多动脑筋、善用创造力的行为	盲目跟风、生搬硬套的行为

续表

应该奖励	避免奖励
果断行动的行为	拖延迟疑的行为
使事情简化的行为	使事情复杂化的行为
踏实做事且有效率的行为	喋喋不休、空谈的行为
精益求精的行为	敷衍塞责的行为
重视团队合作的行为	不合群的行为

激励员工的方式

管理故事

1979年，美国的麦当劳公司打入法国，如今已在法国拥有了一百多家餐馆，取得巨大成功，这与麦当劳激励员工的独特方法关系密切。

“法国麦当劳公司董事长的位子等着人们去争取”，负责招聘的人常常这样开始他的谈话。麦当劳为员工设计了一条凭借能力和业绩就可以不断提升的职业发展通道，于是大量有文凭、有能力、有自我实现需要的年轻人被吸引到公司来。

麦当劳会根据员工在一年中的工作成绩和达到的目标支付酬劳，同时支付标准还会根据工作岗位的调动而变动，职位提高，酬劳增长。因此员工必须坚持不懈地努力、取得新的工作成绩、晋升到新的高度，才能让自己的薪水更上一层楼。

管理启示

麦当劳公司所采取的激励政策不仅激励员工做正确的事情，还为他们的个人发展提供公平、公正、完善的支持，极大激励了员工的主动性、积极性和创造性，让公司和员工获得双赢。

对员工的激励方式有很多种，要根据企业的实际情况配合使用，因人因事因时制宜，采取不同的激励措施。中层领导首先要分清，哪些可以直接使用，哪些不能直接使用，分别适用的情况又是什么，遇到特殊情况时可以作何调整等。

一、中层领导不能直接使用的激励方式

较为普遍的激励方式，比如奖励、福利、加薪、晋升等，必须经过上级授权、公司决定以后，才可以使用。因此，这些激励方式中层领导无法直接使用。

二、中层领导可以直接使用的激励方式

（一）营造良好和谐的工作气氛

一方面，中层领导要保证工作环境的整洁温馨，这样的办公环境会使员工感到心情轻松；另一方面，中层领导要培养团队中互帮互助、团结协作的工作气氛，这样的人际环境有利于加快工作节奏，大大提高业绩。

（二）真诚、及时、公开、适度表扬

当员工每次取得进步和成绩时，都能得到上司和同事的赏识和认可，他就会奋发图强、再接再厉，所以当员工取得一定成绩时，中层领导应该利用好表扬这种最强有力的激励方式。

在表扬下属时，需要注意以下几点。

1. 表扬的态度要真诚

想要唤起员工的信任和友谊，随意、泛泛、廉价地表扬下属的工作和能力是做不到的，就像把一杯水倒进海中，没有太大作用。表扬时，中层领导需要放下架子，把自己摆在相对于员工的次要位置，态度真诚、言之有物地表达，方能起到激励作用。如果表扬的话并非发自肺腑，并没有在上下级关系中加入感情和友谊的因素，只是言不由衷、表里不一的形式主义，只会减弱表扬应有的激励作用，倒不如不表扬。

2. 表扬的行为要及时

如果良好的表现与应得的表扬和奖励相隔的时间太久，激励的效果就会大大减弱。所以当员工取得一定成绩时，中层领导应该及时表扬，对员工表示口头或书面的表扬，使其再接再厉做出更好的成绩。

3. 表扬的言行要公开

激励方式应该充分满足员工的心理需要，让其获得被信任、被肯定、被尊重、被羡慕的满足感，所以表扬员工时最好是在公开场合，比如在部门里举行一次未事先通知的庆祝会，一些名号、头衔可以换来员工的荣誉感，激励起工作干劲。而且当众表扬员工的优点和成绩，也是对其他员工的教育和号召，比单独表扬某个员工的激励作用更显著。

4. 表扬的方法要适当

所谓适当，简言之就是把握好表扬的时机和次数。一是注重实事求是，恰如其分地如实反映，不夸大、不隐瞒；二是宁缺毋滥，不能天天表扬、处处表扬、有事没事都表扬。

（三）授予员工更多权力

授权是一种有效的激励手段，可以使员工获得表现才能、实现自我价值的机会，满足自我实现的心理需要，提高工作积极性、主动性、创造性，完成更好的业绩。中层领导可以授予员工一定的权力，做到知人善任、人尽其用，使其对授权范围内的工作自主地进行决断和处理。

中层领导在授予员工权力时要注意以下几点。

（1）根据所授权事项的性质、特点和难度，认真、慎重地选择授权对象。

（2）明确规定其权责内容，要做到权责对等，切忌含混不清、模棱两可。

（3）公开授权，让所有的相关人士知道被授权者的权责。

（4）授权后，要充分信任员工，进行适当控制，追踪被授权者的工作情况，必要时提供指导和帮助，但不要事必躬亲、过多地干预员工的工作。国际战略管理顾问林正大认为：授权就像放风筝，部属能力弱线就要收一收，部属能力强了就要放一放。

（四）给予充足的培训机会

如果运用得当，给予员工培训机会也会产生良好的激励效果。中层领导可以为员工安排公司付费的各种职业培训、研讨会、参观考察等，不但可以提高员工的工作能力，满足其职业发展需求，还可以缓解其工作压力、提升活跃度。

（五）分享工作经验给其他员工

如果员工取得了一定的工作业绩，完全可以将其树立为标杆和榜样，让其他员工学习、效仿，让优秀员工给其他员工介绍工作经验，这也是一种有效的激励方式。

（六）减少批评和指责

中层领导要学会减少无意义的批评和指责，强调缺点不仅会消磨员工士气，更会破坏整件事情的正常运作。要学会使用批评这种激励手段，应注意以下几点。

1. 批评的依据要确定好

对员工的批评不能主观臆断，一定要有事实根据，否则只会让员工产生抵触和反感的情绪和行为，致使上下级关系持续恶化。

2. 批评的时机要把握好

批评过早，条件尚未成熟，无法实现预期目的；批评过晚，当事人已经印象模糊，效果不足。所以中层领导批评员工既不能过早也不能过晚，要抓住适宜的时机。

3. 批评的分寸要控制好

批评超出了某个“临界点”之后，会带来很多矛盾和纠纷。中层领导批评员工时，措辞、处罚的分寸都要控制好，不能随心所欲，不能恣意妄为。

4. 采用三明治式的批评方法

三明治式批评方法的步骤：刚开始，要认可并赞美下属令人满意的地方，然后自然地切入，指出不足之处、加以批评，最后要以给予积极鼓励结束（见图 11-3）。因为批评的目的不在于指责，而在于督促员工改进工作、避免犯同样的错误。

图 11-3　三明治式批评方法

需要注意的是，中层领导只是简单地批评指责表现不佳的员工而不提供切实的指导和协助，这会让员工产生不被重视的感觉和无力感，不知道从何处下手去改善工作。所以，中层领导可以采取一定手段帮他们找到工作方向、令其逐渐从被批评的阴影中恢复信心，比如分配给他们较少、较容易的工作任务，给予正面评价，使之品尝到成功的滋味，然后再分配给他们较重要的工作任务。

同样重要的精神激励

激励可以分为物质激励和精神激励（见表11-4）。

表 11-4　物质激励和精神激励

	物质激励	精神激励
正激励方式	颁发奖金、奖品，晋升工资，提供优厚的物质待遇等	在关键时刻，一句打动人心的赞美、一个含义深刻的手势、一次表示赞许的微笑等
负激励方式	扣发奖金、奖品，降低工资等	必要的批评教育

中层领导在进行物质激励时，应该分清是非，以正激励为主、负激励为辅，鼓励进步、鞭策落后，以此体现出各尽所能、按劳分配的公正分配原则，员工受到激励后，才会为了多劳多得而更加努力工作。

精神激励是一种“不花钱”的有效激励手段。精神激励的形式多种多样，也包括正激励和负激励，也需要合理搭配使用，对于少数表现较差的下属，该批评的时候就要狠下心批评。

一、物质激励与精神激励两手抓

物质激励和精神激励都很重要，不过大多数的中层领导却过于重视物质激励，抱有“有钱能使鬼推磨”的错误思想，忽视了精神激励的使用，更让员工变成了“向钱看”的人，无益于团队精神的建设与组织文化的发扬。

其实，人们在人际交往中更多的是进行“精神传递”，传递感情、思想、信息等。营造出良好的工作气氛、善用表扬，同样能有效激励员工，而且成本低廉，激励效果良好、持久。你会发现，恰如其分的赞美，比多发一点奖金更有效果。在特定情况下，精神激励还可以弥补物质激励的不足。综合运用物质激励和精神激励，将两者巧妙结合，这才是聪明的中层领导的做法。

二、精神激励的常用方法

（一）细节之处暖人心

通常来说，公司都会召开一年一度的模范员工表彰大会，但是大会一年开一次，这对员工的心理需求而言是远远不够的。要知道，即便是很不起眼的表现，如果做得好，而且被上级看到、加以认可，员工都能从中获得激励。所以，中层领导应该善于观察细节、找准时机，在员工取得可喜的小成绩时，送上虽然不算正式、但是足够温暖的精神激励。比如，拍拍员工的肩膀、写张简短的鼓励纸条，渐渐地，你会发现，你的部门里充满了活力与温馨。

细节之处的温暖不仅仅是赞扬和鼓励，提供支持、帮助和安慰也很有用。当员工遇到工作困难，对自己的能力缺乏自信、寻求上级支持和指点时，中层领导应该及时给予支持和帮助；当员工因为工作或生活上的挫折出现精神沮丧、情绪受挫的情况时，中层领导可以给予真诚的关怀和安慰。

（二）尽量给员工表现的机会

人们都希望被人注意、被人肯定，中层领导要让员工多抛头露面，提升他们的存在感，这会起到意想不到的激励效果。比如，在开会时可以让员工也来讲几句话谈谈他们的感受和观点，就算最后不予以采纳，他们也会感到满足；中层领导讲话时，也尽量引用一些员工的观点，这会使他们感到自己在上级的心里是有位置的、有价值的。

（三）赋予工作上的使命感

当员工能够清晰地了解到自己的工作贡献可以带来何种荣耀之时，他们就会加倍努力地工作，这就是使命感的力量。比如，对一个环卫工人而言，他的工作枯燥乏味、机械重复而且报酬较低，如何唤起他的工作热情？当你告诉他“你的工作可以拯救日益污染的环境”时，他的工作积极性就会大大提高。

除此之外，中层领导可以使用的精神激励方法有很多，要在实践中多摸索、总结，形成自己的一套独特高效的激励方法，提高激励能力。

三、精神激励的注意事项

（一）精神激励要用心真心

中层领导运用精神激励时，要防止给下属造成“走走过场、摆摆样子”的虚伪感觉，赞扬的话、暖心的行为一定要发自肺腑，要处处体现出真情实感。

（二）不要片面地使用精神激励

尽管精神激励很重要很有效，但不是万能的，不能完全代替物质激励。脱离物质激励、只使用精神激励是错误的做法，尤其是在员工的付出与收入不对等时，只是给他“画大饼充饥”，企图收买人心的行为往往于事无补。中层领导要根据企业和工作岗位的具体情况、员工的心理需求，灵活运用物质激励和精神激励，不能有所偏废。

※ 案例及分析

案例一

松下公司采取了一系列物质激励与精神激励相结合的方法。

在物质激励方面，比较独到的激励方法是，各部门可以自行支配利润，留存的利润可以用于本部门员工的福利、更换或扩充设备等。也就是说，利润越多，留存的利润也就越多，员工能够得到的福利就越多。由此，员工用加倍努力的劳动获得了需要的物质生活资料，松下公司也发展成为日本最大的电器公司。

在精神激励方面，公司每一季度都要召开一次讨论会，各部门经理都会来参加、了解彼此的经营成果。开会之前，公司会从高到低地把所有部门按完成任务的情况排序，划分为四个等级；开会之时，也是按照这个顺序依次报告。这种激励手段正是利用了人们争强好胜、不甘人后的心理，以此来促使各部门努力提高自己的业绩，避免令自己排在讨论会的最后。此外，公司还会定期或不定期地对优秀员工给予公开奖励，颁奖时，全体与会人员都会为他们献上热情的掌声。

分析

松下公司的激励手段之所以效果显著，是因为它注重物质激励和精神激励相结合，保证激励效果的最大化，而且将员工利益和企业利益紧密相连，员工在实现了企业利益的同时也实现了自身利益，因此他们才会主动自我激励、勤奋努力工作。

案例二

在南非有一家生产精密机床零件的制造厂。总经理这次接到一笔大订单，高兴的同时，他也深深忧虑。他深知想要满足客户的交货日期要求很有难度，如何完成这个看似不可能完成的紧急订单呢？他把员工召集到一起开会，直截了当地解释了现在的情况，告知他们如期完成这笔订单的重要性，并且说："我们有什么办法突破这些困难、突击完成订单吗？谁有好的办法都可以说出来，比如怎么调整工作时间、人力配备，你们比我更了解这个工厂的运作。"员工们的积极性立刻就被调动起来了，大家都踊跃发言，提出了许多可行想法。结果当然是圆满的，这笔订单他们做到了按期交货。

分析

提高工作积极性的方法多种多样，作为一种事先激励的好办法，这种以提出问题的方式让员工们参与决策过程的激励，往往比下命令更容易使人接受，它能够将使命感和自主权赋予员工，利用主人翁精神的充分发挥让激励效果翻倍。

※ 内容小结

（1）实践之前，学习激励理论是必要的，这些激励理论主要有：①马斯洛需求层次理论（了解下属的需求）；②X理论与Y理论（激励，还是惩罚）；③双因素理论（满意，还是不满意）；④公平理论（公平，还是不公平）；⑤雁阵理论（带头飞、比着飞、一起飞）。

（2）激励员工的原则：①激励要因人而异；②激励要及时；③激励要明确；

④激励要公平；⑤激励要适度；⑥奖励正确的事情。

（3）激励员工的方式：①营造良好和谐的工作气氛；②真诚、及时、公开、适度表扬；③授予员工更多权力；④给予充足的培训机会；⑤分享工作经验给其他员工；⑥减少批评和指责。

（4）物质激励与精神激励要两手抓，精神激励要用心真心，精神激励的常用方法有：①细节之处暖人心；②尽量给员工表现的机会；③赋予工作上的使命感。

※ 研讨与实践

（1）请调查一下你的下属的需求是什么，找出最迫切的需求。你能否满足这些需求？你打算如何满足这些需求？

（2）请选择你的一位下属，列举出你经常对其使用的物质激励和精神激励，评价一下各自的效果。如果效果欠佳，你准备如何改进激励方法？

第十二章

时间规划，高效倍速的秘诀

"认识你的时间",只要你愿意做，它就是一条卓有成效的道路。

——彼得·德鲁克

快去检查一下自己的时间规划能力

在一家企业中，有这样两位平级领导，他们年纪相仿、业务能力相当，但是一个显得精力充沛，一个却精神不振、看起来比实际年龄衰老很多。精力充沛的那位领导拥有较强的制订工作计划能力，而且在调动下属积极性方面很有策略，不仅充分利用好了工作时间，还给自己留下了足够的业余时间去做自己喜欢做的事情，劳逸结合，工作生活两不误。精神不振的那位领导则是工作异常忙碌、时常连轴转，就连节假日都会留在公司加班不回家，根本无暇去做工作之外的事情，尽管他已经如此努力工作，但下属并不觉得他是一位有能力的领导。

两位领导工作上的能力优劣，在时间规划的水平高低上可以略见一斑。时间安排得好、执行到位，就能够事半功倍，让知识转化效率和做事的效率更高；反之，既缺乏规划、也执行不力，必然会事倍功半，让自己受苦受累。学会利用时间，是一个人必须具备的生活能力，充分、高效地管理自己的时间，做时间的主人，也是成功者的共同点。

没有任何东西能够代替时间这个稀有资源。经营自己的人生，就是经营自己的每一天、每一分、每一秒。想要知道自己的时间是否规划到位，可以做做下面这个测验。以"是"或"否"回答每一题。

（1）到达工作岗位后，是否会马上着手把工作任务列出优先顺序？

（2）是否会尝试在固定时间内完成一件工作，而不是一会儿做这个、一会儿做那个？

（3）下班之前，是否会记下尚未完成的工作，并将其列入明天的日程规划里？

（4）是否会从网络、报纸、杂志中搜索与工作相关的信息，并且不在其他无关内容上花费时间？

（5）是否会在收到电子邮件、即时信息时，马上投入到专心致志的工作中？

（6）是否会在缺乏更好的处理方式时才选择召开会议？

（7）是否只参加那些和工作有直接联系的会议？

（8）是否注意到一天中充满了可利用的零碎时间（长短不超出喝咖啡或吃午餐的时间）？

（9）从事某件重要工作时，是否会打断同事的聊天以节省办公时间？

（10）主持重要会议时，是否会挂掉干扰电话、拒绝不速之客的来访？

回答“是”加5分，回答“否”不加分。

40~50分：

你是一名能力较强的中层领导，你会利用好每天的工作时间和休息时间，工作效率高，能够做到今日事今日毕，既不会不得已加班，也不需要将工作带回家去做。

20~39分：

你是一位时间规划高手，只有少许不足之处待改进，测试结果可以体现出不足之处在哪里。

5~19分：

你目前在时间规划方面经验不足，错误的做法给你带来了很多麻烦和压力，需要改进的地方——设定做事的优先顺序；适当授权给下属；提高抗干扰能力。

5分以下：

你必须重新安排好自己的时间，否则将不得不面对健康隐患与被辞退的风险。

把有限的时间用在刀刃上

一、制订时间规划

在人们每天的生活中充满了各种事情，很多都具有突发性、不可控性、不可预料性的特点，如果缺乏系统的规划指导，那么工作和生活都将变得异常应接不暇、混乱不堪。制订时间规划的意义就在于，能让人们坚守在事件的主轴上、远离这些干扰性事件，制订时间规划是提高自我控制时间能力的必要手段。

表12-1是制订时间规划的原则与方法。

表12-1 制订时间规划的原则与方法

制订时间规划的原则	制订时间规划的方法
人重于事	长期计划
时间与价值对等	短期计划
凡事留有余地	时间流程表

同时，在规划时间时，要注意到量体裁衣，因为每个人的工作方式、喜好、习惯都不同，大致可以分为三种类型（见表12-2），可以利用效率周期的不同来安排重要工作的时间。

表12-2 根据不同类型制订时间规划

类型	特征	时间安排
上午型	上午精力充沛，中午最为神采奕奕，午后逐渐感到疲劳	适合将重要工作安排在中午以前
下午型	上午感到昏昏欲睡，午后精神焕发，傍晚时精神状态最佳	适合将重要工作安排在下午和晚上
随时型	早上精神尚可，中午略有疲惫，稍事休息后，午后恢复充沛精力	适合将重要工作安排在上午9点到11点、下午2点至下午5点两个时间段中

二、忙在点子上

有时候，就算两个人看起来同样忙碌，工作成效却大相径庭，原因就在于一个人把最佳时间集中使用在了重要的事情上，把时间用足、用活，也就是“忙在点子上”，另一个人就只是浪费了大把时间在毫无意义地“瞎忙”。

如何才能用足、用活时间？

首先，合理分配那些不太重要的工作，能交给别人办的事，就没必要事必躬亲，能够授权的就大胆授权，可以布置的放手布置。这其中也包括那些情况复杂、环节较多、难以解决的非职权内的事情，它们不应该是你的工作重点，所以一开始就不要轻易接手。

其次，集中大段时间先做最值得做的事情，而且一次只集中精力做一件事，第一次就把事情做好，别留尾巴。如果把时间分割开来零碎使用，单是工作的转换与适应就要浪费许多时间。

再次，那些每个人都必须要去做的事情，你要尽早去做，走在其他人前面，尤其是那些别人准备去做又没开始做的事情。这样安排时间可以有效错开所有人都扎堆办事的高峰段，将那些不必要的等候时间节省下来。

最后，要学会像这样压缩时间。比如，在开会之前将主题、持续时间拟好；与重要人物事先沟通，实现意见的小范围统一；通知与会者做好言简意赅的发言准备。

三、避免他人的打扰

在没有外界打扰的时候容易产生创意，最好预留一段时间给自己全神贯注地思考问题。然而，完全不被打扰几乎不可能，一方面人们有必要与其他人进行接触，另一方面人们又需要在某个时间段独处，维持两者间的平衡就可以有效利用好时间。若是别人能够随时找到你、打扰你、让你成为其计划的一部分，你在时间规划上就会处于被动状态。

假如不想频繁遭到打扰，在从事重要工作任务前发布“安民告示”是很好的方法，此外还可以采取如下对策（见表12-3）。

表12-3 避免他人打扰的对策

判断依据	处理对策
具有接待价值的重要事情或请示	必须接待
对工作有利的日常事情	不要将重要工作安排在早9~11点这个被打扰频率高的时间段
源自下属职责不清的麻烦事情	只接待一次，用最短时间明确下属职责
源自下属语言不够简练的麻烦事情	只接待一次，教会下属何事需请示、如何讲清问题

四、拖延战术

拖延战术并不能消灭问题，它是一种战术技巧，并不是单纯理解上的久议不决、久拖不办。它的适用范围比较特殊：一种是需要深思熟虑、棘手难办的问题；另一种是尚不确定、可能有变故的问题。其他工作应该立刻着手去办的，不能无故拖延。

对于有难度的问题，可以做好提前准备，写下解决问题的计划与原则，并在拖延期间安排插入其他工作。比如，从事组织先进评选工作时，可以先拟订计划书，召开会议，将工作布置下去，等基层提名评选期间，再着手印制表格、公示等。

对于有变数的问题，可以留有余地，密切观察发展变化，抓住最佳时机，出击时主动，处理时果断，不再继续拖延。

想对加班一族说的话：劳逸结合

所谓劳逸结合，就是该工作的时候认真专心工作、排除杂念，该休息的时候专注于放松精神、休整身体，不再思考、忧虑工作的事情。

一、规划工作时间的方法

（一）精确安排法

把你想要去做的、准备去做的、马上就要做的事情都写在纸上，对每天的工作时间做系统、明晰的安排。在多个时间规划中找出规律，正确运用、调整，达到“一般工作案例化，固定工作标准化”的省时省力状态。并且注意妥善处理人际关系，不要在无关的事情上浪费时间和精力，更不要被冲动的情绪所牵绊。

（二）效力优先法

凡事都应该分轻重缓急、价值高低，要善于区别关键大事、紧急事情和普通事务。可以根据各项工作、任务、指标的不同列好工作清单，确定执行的优先次序。

（三）克服犹豫法

遇到疑难问题，要懂得谨慎地权衡利弊，一旦情况明晰、想到了比较好的方案，就不要犹豫，应该公开宣布、立即执行，越快越好。

（四）情绪安排法

如何在最适合的时期做最适合的工作？可以按照习惯、情绪、灵感、创造力和思考力的状况随机调整，不必过分纠结于作息时间的限制，这样能够灵活地利用时间随时挖掘思维潜能。

（五）资料有序法

有的人之所以工作效率低，是因为他们把新、老问题放在一起，办起事毫无章法，不能有效利用工作时间。中层领导可以把办公桌上的各种文件、资料放在合适位置，井井有条地分类处理。

二、规划生理时间的方法

（一）合理休息法

每连续学习两小时之后，最好能够休息半分钟。在工作间隙，做做操、活动一下肢体，有助于缓解疲劳感。在午后、晚间不需要工作的大段时间里，安静地读书、听音乐、散步等。不过休闲也需要适度，玩物丧志、乐不思蜀的道理人们都懂，切不可在这些无法令人获得成长和成就的事上浪费宝贵时间。

（二）熬夜适度法

有时候，为了工作而熬夜是迫不得已的，一边是熬夜对身体的伤害，另一边是亟待解决的工作，如何适度地熬夜呢？建议熬夜最好不超过晚上12点，因为晚上11点到次日凌晨2点是最佳睡眠时间，如果无法保证这段时间的完整睡眠，第二天白天再去补觉，也会收效甚微。

※ 案例及分析

班长现在有两项工作需要完成：其一，一大堆重要但比较烦琐的事情；其二，解决一个很重要的、有挑战性的技术问题。班长有两个得力助手，可以帮助他做这两件事情。

第一件事情，有很多琐碎的事情必须班长自己完成；第二件事情，班长需要和其中一个助手进行分析、讨论才能解决问题。

班长应该怎么办呢？

班长可以有三种选择：

A. 选择自己来完成很重要的、有挑战性的技术问题，希望在解决技术问题的同时能挤出时间来处理那些烦琐的事。

B. 选择自己来处理比较烦琐的事，让自己的助手来解决那个重要的、有挑战性的技术问题。

C. 把那些烦琐的事进行分类规划，分为需要自己去办和可以不用自己去办的。不用自己去办的琐事交给一位助手去完成，只去解决需要自己去办的琐事。同时，抽出时间去和另一位助手解决很重要的、有挑战性的技术问题。

分析

上述案例，体现出时间规划的一个基点——利益。

选择C，属于高效时间规划者。如果选择B，班长给了下属成长的机会，自己也落得个轻松，但下属的成长无疑会成为班长的潜在威胁。

选择A则是毫无时间规划概念的表现。A处理方式不但让班长一直当救火队员，处于疲惫之中，处理事务效率非常低，而且下属也得不到锻炼机会，优秀人才会就此离去，留下的大多只是混日子的泛泛之辈。

※ 内容小结

（1）时间规划的技巧:①制订时间规划;②忙在点子上;③避免他人的打扰;④拖延战术。

（2）规划工作时间的方法：精确安排法、效力优先法、克服犹豫法、情绪安排法、资料有序法。规划生理时间的方法：合理休息法、熬夜适度法。

※ 研讨与实践

（1）检查自己在时间规划中存在的主要问题。

（2）用所学知识，制订一天的时间规划。

（3）根据自己的时间效率周期类型，处理一天的日常工作与棘手问题。

第十三章

文案写作，大处着眼、细节入手

把一件简单的事做好就是不简单，把每一件平凡的事做好就是不平凡。

——张瑞敏

企业应用文的特点

想要反映情况、分析问题、处理事务、发布指令，都离不开企业应用文写作。经济工作计划、经济工作总结、请示、会议纪要、通知、决定、办法等，撰写这些企业应用文，几乎是中层领导每天都要做的事，虽然看似枯燥乏味、平平无奇，但文案写作是本职工作的重要组成部分，是中层领导应掌握的一种基本技能。而最经常见到的企业应用文都有哪些特点呢?

一、内容较为专业、正式

企业应用文种类繁多、涉及范围广、各有侧重点，其内容都与企业经济有关，具体表现为以下三个方面。

（一）与企业经济活动相关

作为直接服务于企业的文案，企业应用文围绕着经济工作和生产活动展开。一方面，它的内容会反映出经济领域生产、流通、消费等各个环节的动态；另一方面，它的意义在于总结经济活动中解决各种实际问题的经验。

（二）涉及企业经济效益

企业应用文的撰写与发布的最直接目的就是促进执行经济活动，根本目的是提高企业的经济效益。例如，2019年的经济活动总结，其中的经验、教训，可以为2020年的经济活动提供整改意见和建议，有助于实现企业利润最大化。

（三）符合市场经济规律

企业应用文的专业性决定了它不能以主观意志为转移，必须尊重客观现实，也就是说，内容一定要遵循市场经济规律。

二、受到政策法规的制约

一份具有合法性、指导性和可操作性的企业应用文，必然是符合党和国家的方针、政策的。法律法规赋予企业应用文以权力，也提供企业应用文以保护。

三、文字格式具有规范性

想要达到及时传递经济信息、正确反映经济活动情况、取得相应经济效益的目的，就必须从源头上把关，注重文字格式的规范性，避免产生歧义和误读。企业应用文的格式及特征如表13-1所示。

表 13-1　企业应用文的格式及特征

格式	特征
总分式	在开头简要概括全文内容，后续依次对其展开论述
并列式	正文中几个主要内容之间的关系是平行的、并列的，同等重要
递进式	也称纵式结构，逐层深入展开，体现时间、表里、因果等逻辑关系
条款（项）式	使用条文组织内容，井然有序，一目了然

经济工作计划的写法

经济工作计划，指的是经济战线各行业、部门根据一个时期党和国家的方针、政策、法规，结合自身情况和目标，事先对此后一段时间内的工作所做的大致规划和详细部署。

【示例】

北京××企业 2019 年工作计划

为了将“改革、调整、发展”的企业战略目标贯彻到实处，提升企业各项管理水平与员工整体素质，适应市场发展需求，特制订本计划。

第一，2019年经济工作计划指标（略）。

第二，改变观念，进一步适应新的经济形势。

（1）学习最新政策方针，强化教育效果，统一员工思想，使之适应市场、跟上形势。

（2）推进企业文化的落地，带动员工转变观念。

（3）宣传其他企业的成功改革事例，在企业内部立标杆、树榜样，形成积极向上的工作氛围。

第三，加快调整，整合资源。

（1）盘活土地存量。

（2）调整生产布局。

（3）调整组织结构。

（4）调整产品结构。

（5）加大减员增效力度。

第四，适应市场，努力开发新产品。

（1）落实市场调研，掌握市场潜在需求。

（2）充分研究竞争对手的现状和预期。

（3）集中科技、财力，研发出至少两种新产品，推广上市销售。

北京××企业

2018年11月23日

一、主要特点

经济工作计划的主要特点如表13-2所示。

表13-2　经济工作计划的主要特点

目的性	具有明确的目的，否则所制订的计划将毫无意义
预见性	涵盖关于工作措施、任务目标的预见和设想
可行性	所列举措施务必真实有效可操作，否则计划只是一纸空文

二、主要类型

经济工作计划的主要类型如表13-3所示。

表 13-3　经济工作计划的主要类型

分类依据	类型
性质	综合计划、专项计划
功能	指令性计划、指导性计划
时间	长期计划、中期计划、短期计划、年度计划、季度计划、月度计划等
范围	国家计划、行业计划等
内容	生产计划、财务计划等

三、结构与写法

（一）标题

通常分为以下三种写法：

全称标题，例如《×××厂2020年财务工作计划》。

简称标题，例如《2020年审计工作要点》。

文章式标题，例如《为实现×××企业2020年创利600万元而奋斗》。

（二）正文

包括前言和主体。

前言，即计划的总纲、全文的导语，阐述“为什么要做”和“能不能这样做”的问题。

主体，即正文的中心，包括标题、措施、要求。标题阐述“要做什么”，措施分析“如何去做”，要求提出“做到何种程度”。在编写正文时，要求做到一切从实际出发，基于事实基础，提出的目标要明确、措施要明晰、步骤要明朗。

以前面的示例为例，作为企业每年都要撰写的指导全年工作的重要计划，它包括了经济计划指标、改革、调整、职工教育、党的建设等若干项全年重要工作，还提出了具体要贯彻执行的任务。

（三）结束语

包括希望（寄语）和意见（指导）。

另外，与经济工作计划有关的其他材料，因为篇幅问题不适合放在正文中加以表述的，往往以附表和附图的形式放在结束语之后，作为经济工作计划的组成部分存在。

经济工作总结的写法

总结，指的是对过去一定时期内的实践活动（工作、学习、思想等）进行的回顾、分析与评价的事务性文书，目的是取得明确的经验教训、规律性认识，以供在未来的工作中进行相应的学习、借鉴、改善、提高。“小结”与“体会”其实也是一种总结的形式，只是内容较为浓缩、简练。

【示例】

2019年上半年经济工作总结

2019年上半年是企业深化改革，加速调整的半年，也是促成企业扭亏为盈总计划的关键半年。半年来，在总公司的强力支持下，在全体员工的不懈努力下，我分公司在各方面工作中都取得了喜人的成绩。

第一，上半年主要经济指标完成情况（略）。

第二，有效措施。

（1）领导深入现场，重视人治与法治的和谐统一。

（2）狠抓管理，落实公司各项制度的实施。

（3）瞄准市场，提升区域市场份额。

（4）研发新品，在新领域创造新价值。

第三，深入体会（略）。

第四，待解决问题（略）。

第五，下半年的工作重点（略）。

一、主要特点

经济工作总结的主要特点如表13-4所示。

表 13-4　经济工作总结的主要特点

内容的回顾性
认识的规律性
对象的个体性

二、主要类型

经济工作总结的主要类型如表13-5所示。

表 13-5　经济工作总结的主要类型

分类依据	类型
时间	年度总结、半年总结、季度总结、月度总结等
范围	全国总结、地区总结、行业总结、公司总结、部门总结、团队总结等
内容	生产总结、财务总结、质量总结、人力管理总结等

三、结构与写法

（一）标题

1. 单行标题：全称式标题、简称式标题、文章式标题

全称式标题，例如《××公司2019年销售部门工作总结》。

简称式标题，例如《商品质检工作总结》。

文章式标题，例如《2018年××企业出口非洲地区工作的回顾》。

2. 双行标题：由主标题和副标题组成

例如，《喜迎改革开放四十周年，继续深耕对外出口工作——××集团2019年工作总结》。

（二）正文

正文由开头、主体、结尾三部分组成。在行文之时，应注意引用可靠数据，实事求是、准确清楚地加以分析，突出问题的关键，解读问题的重点，夹叙夹议，不可顾此失彼。这里重点介绍开头与主体。

1. 开头

开头也称前言、导语，旨在一方面介绍清楚该总结的基本情况（时间、地点、背景、环境等），另一方面说明该总结的指导思想、范围、目的、总体

评价。

2. 主体

主体是文章的核心部分，包括步骤、措施、成果、经验、问题和教训。要求思路清晰，层次清楚，逻辑合理，通俗易懂。例如，如果总结的是事件，那么就应该包括事件的发生、发展、结局；如果总结的是问题，那么就应该包括问题的出现、认识、分析和解决。经济工作总结的格式及特征如表13-6所示。

表 13-6　经济工作总结的格式及特征

格式	特征
板块式	最为基本的格式，通常可分为基本情况、成绩和经验、问题和教训、方向和设想这几个板块
多点式	包含实例、分析、比较、结论几个必要元素
小标题式	依据逻辑关系，划分为若干层次清晰的小标题
条目式	通常用于按工作项目排序的综合性总结，包含基本情况、成绩、存在问题、教训、对今后工作的要求几个部分

（三）结束语

一般来说，在结束语中会提出今后的努力方向与前景展望、下半年的工作设想及意见安排。

请示的写法

请示，指的是就某些特定问题要求上级给予指示或批准的文书。包括请求指示、请求批准这两种。

【示例】

关于购买办公室耗材的请示

××经理：

经清点，办公室常用耗材储备不足，拟采购办公所需打印纸10箱、中性笔100支、记号笔100支、文件夹100个，总计需2200元左右。

妥否，请批示。

××企业后勤采购部

2018年10月24日

一、运用范围

（1）对上级给出的指示有不同理解或理解不能，因此需要上级做出明确解释和答复。

（2）根据本部门的情况，需要企业对某项政策做出调整，因此加以请示。

（3）工作中遇到超出职权范围的问题，需要请示批准后才能处理。

（4）工作中遇到新情况、新问题，无章可循时，需要得到上级的答复。

（5）工作中遇到需要上级协助解决的某个具体事务。

（6）工作中遇到需要上级协调各部门共同解决的问题。

二、请示与报告的异同

请示与报告的异同如表13-7所示。

表13-7　请示与报告的异同

	请示	报告
相同之处	行文方式一致	
	格式组成一致：标题、主送机关、正文、署名、时间	
不同之处	行文目的不同	
	请示的目的是得到上级的批准	报告的目的就是汇报工作、传递信息
	行文时间不同	
	请示具有事先性，文案先于行动	报告具有事后性，行动同步或先于文案
	受文机关处理不同	
	请示中涉及的问题是难以自行解决的，上级会给出指导与指示	报告是向上级汇报工作，上级会给出评价或不给出回应
	侧重点不同	
	侧重于某个问题的请示、请求	侧重于某个问题的单向汇报，不包括需要提出请示、需要得到指示的内容

三、结构与写法

（一）标题

注意，只能出现“请示”字样，不能出现“报告”或“请示报告”字样。

（二）正文

严格地讲，请示应该紧紧围绕主旨，一份请示只写一件事情，一份请示只报送一个上级，不可越级请示，不得抄送下级机关。

通常来说，行文顺序是先写明请示的理由，再叙述具体的事项（注意详略、先后，层次、段落的划分），最后提出需要指示的请求。

会议纪要的写法

会议纪要，主要用于记载会议情况与议定事项，并将这些内容传达给目标群体。

【示例】

××公司第四季度党政联席会议纪要

××公司下半年党政联席会议于7月20日在主会议室召开，会议主要研究以下两个问题：一是下半年全公司主要经济指标计划调整方案；二是第三销售部主管人员变动方案。与会人员有公司全体党政领导、人力资源部、企业发展部、财务计划部等部门负责人，以及第三销售部全体成员。会议由××总经理主持。

经过认真讨论研究，现做出以下决定。

第一，2019年下半年主要经济指标计划调整如下。

（1）总产值8000万元。

（2）销售收入6500万元。

（3）实现利润1500万元。

第二，第三销售部主管人员变动情况如下。

原第三销售部总经理 ×× 调任山东分公司总经理，由 ×× 接任第三销售部总经理一职，由山东分公司调任过来的原总监 ×× 担任第三销售部副总经理，其他职位不做变更。

会议要求各部门按照本次会议决定内容，调整本部门工作计划，认真完成各自的本职工作，确保下半年经济指标的完成，确保第三销售部人事变动顺利交接。

总经理办公室

2019年7月22日

一、主要特点

会议纪要的主要特点如表13-8所示。

表 13-8 会议纪要的主要特点

纪实性	如实反映会议中提及的问题，但凡会议中未提及的问题不可写入会议纪要
提要性	会议纪要与会议记录不同，不要事无巨细、逐一描述，只需要提及要点即可
约束性	会议纪要下发后要求与会单位和相关人员遵守，确保议定事项的顺利执行

二、主要类型

会议纪要的主要类型如表13-9所示。

表 13-9 会议纪要的主要类型

办公会议纪要	专门研究工作问题，同时需要与会单位和有关部门及人员协同贯彻执行
其他会议纪要	例如学术研讨会、专题讨论会等，通过会议纪要传达会议精神

三、结构与写法

（一）标题

标题通常由会议名称和文种构成。

例如：整改营业部吃拿卡要风气的会议纪要。

另外，通常落款与行文时间写在标题下方。

（二）正文

会议纪要中不需要体现主送单位。

会议纪要一般由导语、主体和结尾三部分组成，这里主要介绍导语和主体部分。

导语部分，写明会议基本情况（会议名称、目的、内容、时间、地点、规模和人员等）。

主体部分，针对会议情况、成果、评价、分析、议定事项与要求等内容，提炼出其精华，用简洁明快的文字叙述出来。

（三）结束语

写明召开会议的单位名称、成文时间，可以不盖章。

通知、决定和办法的写法

一、通知

通知，通常用于批转下级机关公文、转发上级机关和不隶属机关的公文、传达要求下级执行的事项、发布文件、任免人员等。

（一）主要类型

通知的主要类型如表13-10所示。

表13-10　通知的主要类型

指示性通知	法律法规等
批示性通知	批转、转发性通知
事项性通知	工作通知
知照性通知	调整通知、合并通知、成立通知、庆典通知等

（二）结构与写法

1. 标题

一种写法是完全式，标题中包含发文机关、事由、文种等。

一种写法是省略式，省略发文单位、“关于”和“通知”等字样。

2. 正文

一般包含三部分：通知的目的与依据、具体的通知事项、执行的要求。把事实叙述清楚，是通知的共同要求，通知必须反映出客观事物的本质联系和规律。

二、决定

决定，是一种具有规定性、强制性和指导性的公文。

【示例】

关于对办公室主任××收受贿赂的处理决定

经审计、监察，办公室主任××无视国家法律法规与企业相关规定，自2017年至2018年，利用职权之便，收受下属及办事人员财物贿赂，累计10万元。为严肃纪律，教育本人，经全体党委会议研究决定：

将××移交执法机构处理。

给予负有领导责任的××党内记过处分。

免去××和××的一切职务。

××企业风纪委员会

2018年10月23日

（一）主要特点

决定的主要特点如表13-11所示。

表13-11　决定的主要特点

制约性	从法律法规和行政纪律的层面对行为加以制约
稳定性	决定一旦公布，会在相当长的时期内贯彻执行

（二）主要类型

决定的主要类型如表13-12所示。

表13-12 决定的主要类型

指挥性决定	又名部署性决定，要求目标群体按照计划贯彻执行
法规性决定	旨在规范目标群体的行为，或贯彻国家某项决策
知照性决定	将已经被决定好的事言简意赅地告知目标群体，使其获得知情权

（三）结构与写法

1. 标题

（1）发文机关+事由+文种，如《××企业关于表彰优秀员工的决定》。

（2）事由+文种，如《关于采用新设备降低废品率的决定》。

2. 正文

（1）表明决定的根据，这部分内容需要有政策和法律的支撑。

（2）具体的决定事项，这部分内容应该重点突出、表述准确。

（3）要求目标群体执行决定，并且提出号召。

3. 落款

如果标题中已经写出了发文机关的名称，落款处就可以忽略。

决定的日期是公布事项决定的年、月、日。如果决定的通过日期与发布日期不同，需要在文内注明何时发布与何时生效。

三、办法

办法，指的是为了实施法规或管理工作而制定的具体法则，通常分为实施办法与管理办法。

【示例】

关于增加中层领导考核项目的管理办法

为加强对中层领导的管理，进一步提高中层领导的自我约束能力与工作能力，确保公司各项任务的顺利完成，特制定本办法。

第一，制订中层领导全年工作计划（略）。

第二，坚持中层领导每半年述职制度（略）。

第三，严格按照岗位责任制进行考核（略）。

第四，对不称职干部的处罚措施（略）。

此办法自2019年11月1日起实施。

××企业

2019年10月24日

（一）主要特点

办法的主要特点如表13-13所示。

表13-13　办法的主要特点

内容的管理性
写法的具体性
效用的实践性

（二）结构与写法

1. 标题

一般由以下三部分组成：制发单位+主要内容+办法。

简要写法：主要内容+办法。

2. 正文

通常而言，由办法根据、办法内容、实施说明三部分构成。行文要求各项条款明确、具体、严谨、合理。

3. 结尾

设定或发布单位名称，制发日期。

※ 内容小结

（1）企业应用文的特点是：①内容较为专业、正式（与企业经济活动相关，涉及企业经济效益，符合市场经济规律）；②受到政策法规的制约；③文字格式具有规范性。

（2）熟练掌握经济工作计划、经济工作总结、请示、会议纪要、通知、决定、办法的主要特点、主要类型、结构与写法，并且能在实际工作中准确应用。

※ 研讨与实践

根据所学知识，结合本人工作实际需求，各写一份经济工作计划、经济工作总结、请示、会议纪要、通知、决定、办法。

第十四章

沟通协调，会说话、会办事、会做人

管理者的最基本能力：有效沟通。

——英国管理学家L.威尔德

唯有沟通才能达成共识

干部免职谈话是令组织部部长最为头疼的事。某企业一组织部部长谈话中非常注意技巧与方法，他首先肯定该干部的长处，进而提出中肯期望，避开令对方感到没面子的问题，谈话效果非常好。

沟通是一门艺术，掌握得好，就可以解决问题，推动工作，化解矛盾。沟通能力包括语言修养和表达能力，是领导能力的直接体现，关系到领导工作的水平和效率。处理同样的问题，领导在政治上、思想上和情感上的成熟程度大相径庭，沟通水平便有高低之分，效果也就截然不同，组织的形象和声誉、事业的兴衰和成败，都会受到影响。

世界上不存在两片完全相同的树叶，更没有完全相同的意识，这导致人与人之间难免会出现意见不同的情况，误会与争执由此滋生。如何解决这种认知差异？唯有积极进行沟通，不管是让别人去了解你，还是你主动去了解别人，这是促进共识达成的最佳方法。

一、何谓沟通

（一）沟通的定义

沟通到底是什么？美国威斯康星大学的F.丹斯教授曾经统计“沟通”的定义达126种之多。目前在学术界可谓是众说纷纭，莫衷一是。

通过分析“沟通”二字的含义（见图14-1），在这里，笔者给沟通下一个定义。

图 14–1　沟通的含义

发送者凭借一定的渠道（或称媒介、通道），将信息发送给既定对象（接收者），并且寻求反馈，实现相互理解目的的过程。

（二）沟通的内涵

（1）沟通是信息的双向传播递进，是一个涵盖对方理解也涵盖对方反馈的互动过程。

（2）传递信息只是一个手段，使信息被充分理解才是重点所在。

（3）沟通双方达成一致意见并不是沟通成功的绝对标志，双方都能准确理解信息的含义即是有效沟通。

（三）沟通过程的一般模型

沟通过程的一般模型如图 14-2 所示。

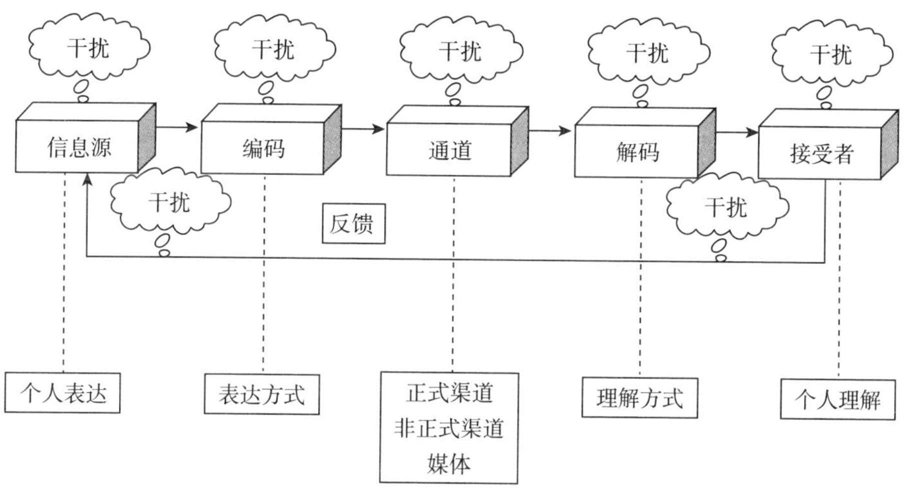

图 14–2　沟通过程的一般模型

二、沟通的意义

哈佛大学就业指导小组的调查结果显示：在500名被解职的男女中，因为人际沟通不良而导致工作不称职的人占到了82%。

普林斯顿大学在1万份人事档案中进行分析，结果表明，智慧、专业技术、经验，只占成功因素的25%，良好的人际沟通占成功因素的75%，是重中之重。

沟通意义重大，通过以下成功企业家的深刻认识，可见一斑。

美国通用电气公司前总裁杰克·韦尔奇认为：管理就是沟通，沟通再沟通。

日本企业管理制度首创人、经营之神松下幸之助认为：企业管理的内容，过去是沟通，现在是沟通，未来还是沟通。他还认为：成就伟大的事业，需要用一颗真诚的心与人沟通。

著名成功学大师卡内基认为：所谓沟通就是同步。每个人都有特立独行的地方，而在与人交际时，则要求他与别人保持一致。

（一）关于管理沟通的三个50%

（1）管理中有50%的问题，源自沟通不足、不到位。

（2）50%的涉及管理的问题，必须通过沟通去解决。

（3）管理者应该拿出自己50%的时间用于沟通。

（二）沟通的诸多好处

在现实管理活动中，人们经常会遇到以下情况：部门间各执一词、无法协调；公众的误解导致负面评价频出；自己的想法别人无法理解，计划得不到拥护和执行；不知道如何表达不赞同的意见等。

掌握了高效沟通的方法，这些棘手的问题就可以迎刃而解，还可以带来以下好处。

（1）使沟通双方洞悉真相、了解组织环境，实现思想一致，达成共识，减少变革阻力。

（2）增进彼此了解，改善人际关系，增强团队凝聚力，减少摩擦、矛盾、误解、猜忌、分歧与争执。

（3）疏导负面情绪，消除心理困扰。

由此可见，沟通是管理活动和管理行为中的重要组成部分。高效的沟通能力是中层领导不可或缺的管理才能。提高沟通能力，创造良好的沟通环境，具有切实意义。

高效沟通的实际操作

一、沟通的常用方式

管理大师德鲁克认为：人无法只靠一句话来沟通，总是得靠整个人来沟通。也就是说，在沟通的时候，人们不能仅仅依靠语言，还需要动用整个身体，传递出更多的信息、补充说明的方式。沟通的常用方式如图14-3所示。

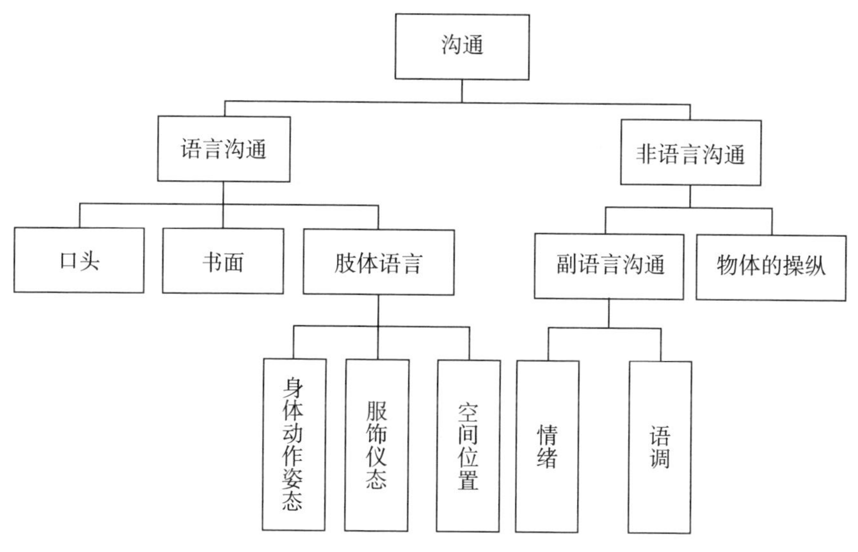

图14-3　沟通的常用方式

很多时候，人们过于重视语言沟通，而忽视非语言沟通，反而事倍功半，导致了沟通障碍。实际上，哈佛大学调查显示：非语言沟通涵盖了55%的沟通信息，不可小视（见图14-4）。

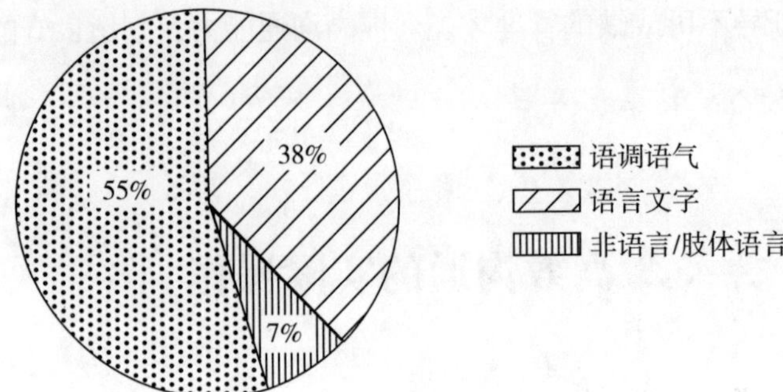

图 14-4　不同沟通方式涵盖的信息量

著名篮球运动员乔丹在谈到自己与皮蓬在赛场上的配合时，提及了非语言沟通的重要性，他表示两个人在赛场上的沟通相当重要，自己和他可以互相从眼神、手势、表情中获知对方的意图，于是传切、突破、得分；但是，假如失去彼此间的沟通，公牛的末日就会来临。

二、掌握语言沟通的技巧

管理故事

韦尔奇是掌管着上千亿美元资产的CEO，却可以分身有术地与自己的员工进行面对面的沟通。当分布在50多个国家的十几万名员工会随时收到公司的电子邮件时，他们便可以与韦尔奇进行没有任何阻隔的交流。韦尔奇经常会把他对公司的看法直接告诉员工。一开始，通用电气公司的员工会因为收到韦尔奇签名的便条而感到惊喜万分、激动不已，不过随着后续沟通的频繁，这种交流变得越来越自然，成为组织沟通体系中的一部分。

管理启示

沟通方式是多种多样的，领导既可以面对面谈话，也可以隔空传话，只要运用得当，便能打破时间、空间的阻碍，它们的重要性甚至可以超越沟通的内容。

（一）说话要讲究方法

1. 让对方听得进去

想让对方有耐心听下去，就要考虑这三个问题：谈话的时机合适吗？选择的场所合适吗？周围的气氛合适吗？

2. 让对方听得合理

第一，要进行换位思考。通常来说，人们都更关心涉及“自己”与“本身”的事情。所以，考虑到对方的利益，引起对方的关注，取得对方的信任，才能最终获得自己的利益。先说对对方有利的内容，再指出彼此互惠的内容，最后提出一些于自己有利的要求，对方更容易接受这种既合乎自身利益，又合乎逻辑常理的沟通。

比如，在你想要说服某个人时，可以按照以下方法：举出具体的实例；列出证据，最好以数字来说明；运用可信度高的专家或他人的背书；充分调动起对方的感觉；亲自示范。

第二，谈论行为，不谈论个性，这是非常重要，也是难以控制的。人们在实际沟通中，容易被情绪控制，多说话、说重话，说着说着就转移了话题、转移了方向，导致本应该就事论事的职场沟通变成了非常不专业的人身攻击。尽管有时候遵循“就事论事”的沟通原则会让人显得有一丝刻板、冷淡、不近人情，但这正是专业沟通的表现，越是沟通能力高超的人，越懂得这点。

3. 让对方听得明确

你传递出的信息一定要明确、准确，否则对方难以获得唯一的理解，就会出现误解。

比如，你对下属说:“你今年的工作成绩非常好，非常努力。”在下属听来，这就是赞誉之词，他肯定暗自开心，但你随后补充了一句：“希望你明年可以更加努力。”听在下属的耳朵里，又变成了鞭策的话，意思是说“你不够努力，必须再接再厉”。下属就会在赞誉和鞭策之间摸不清你的心思，面对模棱两可的话感到迷茫。

所以，沟通一定要明确，想表达对方努力了，就说“你已经非常努力了”，想表达对方缺乏努力，就说“你的努力不足”，沟通一定要明确。

4. 让对方听得乐意

什么样的沟通环境能让对方情绪放松？什么样的表达方式对方听得开心？什么样的言谈举止对方愿意接受？

（1）在声音上要有所控制，尽量发音清晰、讲话速度适中，表现得平易近人、真诚可靠，没有攻击性。

（2）在语言表述上多使用正面词句，常用礼貌用语，同时，语言的趣味性很重要。

（3）语言规范化，不用含混不清的词语与毫无意义的口头禅。

（4）不讲脏话，不做人身攻击。

（二）用心用脑说话

根据传递信息性质和目的的不同，中层领导要注意因材施教与量体裁衣，在沟通上可以采用不同的态度与方法，如表14-1所示。

表14-1　沟通上不同的态度与方法

<table>
<tr><td>急事，慢慢地说</td><td colspan="2">大事，清楚地说</td><td>小事，幽默地说</td></tr>
<tr><td colspan="2">没把握的事，谨慎地说</td><td colspan="2">做不到的事，别乱说</td></tr>
<tr><td colspan="2">现在的事，做了再说</td><td colspan="2">未来的事，未来再说</td></tr>
<tr><td colspan="2">伤害人的事，不能说</td><td colspan="2">讨厌的事，对事不对人的说</td></tr>
<tr><td colspan="2">开心的事，看场合说</td><td colspan="2">伤心的事，不要见人就说</td></tr>
<tr><td colspan="2">别人的事，小心地说</td><td colspan="2">自己的事，听听自己的心怎么说</td></tr>
</table>

（三）积极倾听

学会倾听是成功领导者的基本素质。古希腊哲学家苏格拉底认为：自然赋予人类一张嘴、两只耳朵，目的就是让人们能够多听少说。从诙谐的角度说明了倾听行为在沟通过程中的重要性。

有效倾听不是单方面地接受信息，而是要做到“适时听、用心听、耐心听、会心听”。

人们也可以从“听”的繁体字（“聽”）结构理解其内涵与方法：

“耳”字，顾名思义，人们需要用耳朵去听；

“心”字，人们需要一心一意、全神贯注、专心致志地去听，这样才能听出话中隐含的意思；

“四”字，代表眼睛，需要人们目视对方，这可以鼓舞对方排除外界干扰，畅所欲言；

“耳”下方还有个“王”字，意思是需要人们把听众当成王者一般对待，尊重他们 。

三、掌握非语言沟通的技巧

（一）注意表情

人最重要的表情莫过于微笑。笑有四大要领，分别是心笑、眼笑、嘴笑、身体笑。具体如何运用，还需要人们在实践中多多摸索、训练。

（二）注意动作（体态）

俗话说“站有站相，坐有坐相”，这既是对仪态仪表的要求，也是非语言沟通的重要内容。体态合适，动作得体，再配合上准确的语言，沟通就可以顺利进行下去。如果你正在谈笑风生的时候，发现对方开始做一些似乎是无意识的小动作，比如挠挠头、摸摸手指、咬咬嘴唇等，你应该意识到，这是对方在传递多种信号，既可能是单纯地对你的话题不感兴趣，也可能是有所掩饰，不想谈及这方面的内容，这时你最好及时转换话题或是尽快结束谈话，否则不仅沟通没有效果，而且会令气氛尴尬。

掌握常见体态语（见表14-2），对于提升中层领导的沟通技巧很有帮助。

表 14-2　常见体态语

动作	含义
说话时捂住嘴巴	对于自己谈及的内容缺乏十足的把握，或是在某些事情上撒了谎
用牙齿咬铅笔等小物品	感到焦虑，可能需要了解更多切实信息，以获得踏实的感觉
擦鼻子	反对别人所说的话，不同意对方的见解
双手紧合指向天花板	充满信心和骄傲
揉眼睛或捏耳朵	对对方所述之事感到疑惑
触摸耳朵	准备插话，想要打断别人的发言
手指叩击腰带或裤子	一切尽在自己的掌握之中
紧握双手	非常焦虑

续表

动作	含义
搓手	对某件事有所期待
坐在椅子上往前移	对对方的话表示赞同认可
双臂交叉置于胸前	不开心、不乐意，持有反对意见
坐在椅子的边侧	随时准备行动或想要离开
小腿在椅子上晃动	心不在焉，或对话题感到满不在乎
无意识地清嗓子	感到担心、忧虑
有意识地清嗓子	有看不惯对方的情绪

（三）注意眼神

眼睛是“心灵的窗户”，具有反映深层心理活动的功能。如果谈话时缺乏眼神沟通，无异于自言自语，还会给对方带来一种试图隐瞒实情的感觉。因此，对人讲话、听人讲话时，都应该目光平视对方，目视时间为总谈话时间的二分之一。

四、解决沟通的主要障碍

人们在进行沟通的时候，常会出现漏斗效应，如图 14-5 所示。

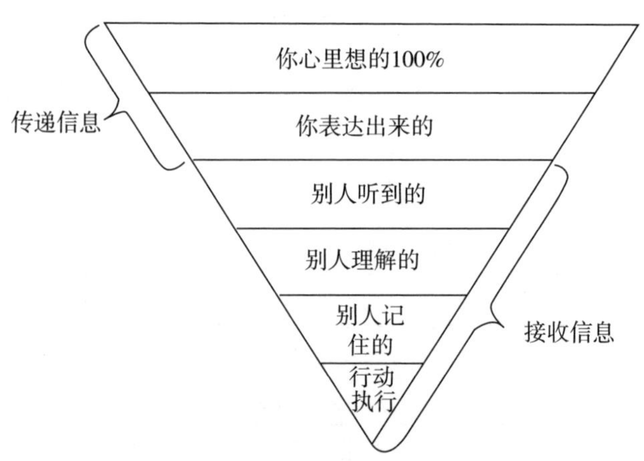

图 14-5　沟通的漏斗效应

形成漏斗效应的原因，主要是双方自身的障碍，可以根据自身遇到的情况，妥善处理。

（一）来自传递方的障碍

此类沟通无效实例如表14-3所示。

表 14-3　沟通无效实例（一）

上司的原话	看完预算计划之后，我会考虑给你们部门增派人手
上司的原意	大约一个礼拜后，我们就可以开展新员工的招聘工作
下属的理解	我手头有更重要的事情要办，招聘新员工的事情暂且搁置

这些障碍主要分为以下几种：用词不准确，导致词不达意；过于咬文嚼字，显得啰唆拖沓；不善言辞，逻辑失调，口齿不清，普通话不标准；单方面传递信息，不考虑对方需求和感受；态度不正确，过于唯唯诺诺或颐指气使；接收方做出反应后，难以敏锐地察觉到。

（二）来自接收方的障碍

此类沟通无效实例如表14-4所示。

表 14-4　沟通无效实例（二）

上司的原话	你的这一季的绩效比上一季低了点，我希望你能再接再厉
上司的原意	你需要再努力一点，我相信你可以做到
下属的理解	如果今后的绩效上不来的话，你的工作就不保

这些障碍主要分为以下几种：先入为主的思维作祟，第一印象不佳，存在偏见；心不在焉，听不清楚或选择性地倾听；情绪不佳，自身带有情绪，难以理性理解对方的话；解读过于表面，没有注意对方真正想要传达的意思。

企业不同层级的沟通策略

一、向下沟通

向下沟通，通常是指你用口头语言向你的下属下达命令，指正或指导他们如何处理工作事宜。

（一）下达指令、命令的要诀

1. 创造良好的沟通情境

（1）了解。充分了解下属的需求、情感、价值观、个人问题。

（2）主动。主动放下架子，接近下属，与其分享信息。

（3）参与。做决策前，可以征询一下下属的意见，让他们有机会表达看法和想法。

（4）激励。传达命令和意见之时，如果下属做得对，就要及时赞扬。

（5）态度。态度要诚恳和蔼，语气要亲切自然。

2. 谈话要“清楚、简单、明确”

下达指令时，应该遵循正常的组织程序，让下属可以有条不紊地执行。

下达命令时，最好是一次一个命令，这对下属来说，简单、明确、易操作。

3. 确保下属理解到位

不要认为下属很了解你，就会很了解你的话。最好能在表达清楚之后，请下属把他的理解复述一遍，以保证没有出现信息传递障碍。假如可以的话，你也可以亲自示范给下属看，实现语言沟通和非语言沟通的和谐统一。如果交代的事情比较细致，最好能够逐条加以详细说明，确保下属没有疑问。需要注意的是，你的肢体语言可能会带来正确的暗示，也可能会带来错误的解读，需要谨慎使用。

（二）如何促进下属积极向上沟通

在向下沟通的时候，往往容易出现下情无法上达的情况，其原因主要有：沟通渠道存在阻碍；领导对下属的意见没有足够重视；下属缺乏主动反映意见的意愿和习惯。

为了促进下属积极进行沟通，可从以下几方面加以改善和引导。

1. 开放的态度

中层领导切不可让下属感受到你有高高在上的感觉。若是你愿意放下架子，做一个广纳建言、接纳谏言的领导，下属的沟通意愿就会大大增进。

2. 鼓励的言语

当下属提出有价值的构想、建议、报告时，应该及时给予赞扬、鼓励、奖励，满足其心理需求。

3. 公平的处置

在处理奖惩、升迁、考绩、福利等事宜时，一定要保持公正公平。

4. 用心的聆听

中层领导在沟通时不要急着表达自己的意见，要诚恳听取下属的意见和看法，还要从他们说话的速度、音调里，听出想直说又不敢直说的弦外之音。

（三）向下沟通时意见相左、各持己见的化解技巧

1. 掌控情绪和态度，不伤和气

绝对不可以在公众面前争执吵闹，更不能使用恶毒、低俗的字眼指责谩骂，动粗动手更是要极力避免。

2. 注意措辞，不撕破下属的面子

不要触及这几个措辞雷区：开口闭口提“下岗、炒鱿鱼、辞退”；拿自己单位与其他单位对比；动不动就翻下属的旧账；用难以改变的事实攻击下属。

二、向上沟通

向上沟通，通常是指向上司表示自己的态度和意见的过程，比如报告、请示或反映意见。为了工作任务的顺利执行，上行沟通有必要持续不断地进行。

（一）向上沟通的法则

1. 接受上司下达的指令时

听清楚上司的话后，复述一遍，确认无误后，将其记在笔记本上，并且采取正确的回馈和后续行动。

2. 汇报日常工作时

（1）不多嘴。除非上司要听，不然不主动谈及。比如，想要补充意见时，要事先征得上司的同意。

（2）不抢功。当自己的意见和上司一致时，要以肯定领导为主，自己予以补充。

（3）不说半句话。如果是向上司提出问题，那么同时应该简明扼要地提出你的观点、建议，当你对自己提出的初步解决方案相当有把握时，不妨表

现出“信心十足”的模样。

3. 双方意见相左时

假如与上司的意见相反，切不可当面争辩，当众让其难堪是非常不理智的行为。作为下属，尊重上司是具备职业道德的表现。你应该先表达对上司部分意见的认同，再去表达自己的意见，记住，要以一种请教的态度去表达自己的想法，学会巧妙地将观点融于问题之中。

4. 汇报紧急情况时

切忌“报喜不报忧”，问题十万火急时，特别是在刚出状况之初，赶快敲定时间和上司商讨对策，最好有书面资料或可靠证据，让上司随时能够跟踪进度。

（二）避免触及雷区

除去特殊情况，通常而言，上行沟通是不可以越级沟通的。

在和新上司进行沟通的时候，应该避免频繁提及以前的上司是如何处理同类事件的。

三、平行沟通

平行沟通，指的是在组织内部各阶层间的横向沟通程序。

（一）跨部门沟通的技巧

跨部门沟通，应该事先取得各自部门主管的许可。

比如，和跨部门的上司进行沟通时，可以请自己部门的同阶上司与其打电话沟通或当面沟通一下，告知将由你进行更为详细深入的沟通。在沟通结束后，你还需要将沟通结果如实反馈给自己的上司。

（二）同部门沟通的技巧

在同部门之间，由于大家相互熟悉，所以常常会忽视礼节礼仪和人际关系的复杂性，这或许会导致一些不必要的问题出现。因此，建议在同部门沟通之时，使用以下技巧：不管谁对谁错，不计较平日里关系如何，面对工作就应该就事论事，尽量协商出对彼此都有利的结果；如果出现争执，要极力避免争吵，请上司出面进行协调是明智之举；为了促进沟通顺畅，在部门内部建立起互助互爱的良好默契非常有必要。

※ 案例及分析

A、B两个国有企业在重组中合并。由A企业老板担任合并后新企业的总经理。这个决定导致B企业的抵触情绪极大，不管是管理层还是普通员工都存在不满情绪。在合并后，企业召开了第一次中层以上干部会议，会议组织者绝大多数来自B企业，所以连总经理的座位都没有安排，会场气氛十分紧张。

新任总经理具备良好的心理素质和沟通技能，并没有因此退缩或愤怒，而是心平气和地进行了一番晓之以理动之以情的演讲，听完之后，心服口服的B企业领导与员工都不约而同地站起来鼓掌，会场气氛回归了应有的和谐轻松。

分析

中层领导的优秀口才，对于信息交流、情感沟通、人际关系有着举足轻重的作用。特别是在应对突发情况、棘手问题时，素质和能力的区别，立见高下。因此，中层领导应该十分重视提高自己的语言表达能力。

※ 内容小结

（1）沟通的定义：发送者凭借一定的渠道（或称媒介、通道），将信息发送给既定对象（接收者），并且寻求反馈，实现相互理解目的的过程。

（2）语言沟通的技巧：①说话要讲究方法（让对方听得进去、让对方听得合理、让对方听得明确、让对方听得乐意）；②用心用脑说话；③积极倾听。非语言沟通的技巧：注意表情、动作（体态）、眼神。

（3）向下沟通、向上沟通、平行沟通，各有策略，需要区别对待。

※ 研讨与实践

（1）回忆自己工作中遇到的案例，通过对成功、失败两次讲话的对比，找出存在问题及主要原因。

（2）用所学知识写一篇中层领导针对某一群体、某一事件的讲话稿件。

（3）你负责的部门里的员工因劳动合同纠纷要上访，你该如何通过谈话做好安抚大家的工作？

第四篇

我要怎么变——

提升是晋升的捷径

第十五章

培育下属，打造出另一个你

人才是利润最高的商品，能够经营好人才的企业才是最终的大赢家。

——柳传志

你不愿培育下属的原因

在一次高峰论坛上，韦尔奇曾经提出一个观点：在一个企业里，员工的培训工作应该让内部经理来完成，而不是外请培训师来做。

当场有嘉宾问韦尔奇："如果经理说他很忙，没办法抽出时间给员工做培训怎么办？"

韦尔奇回答说："这样的经理没有被提拔的资格，他永远只能待在那个位置上，不愿意传授的人就让他自己玩去吧。"

想成为一名成功的中层领导，要认识到这三个基本事实：

第一，管理是透过他人之力将事情完成的一种互动过程。

第二，管理者对员工的需要远大于员工对管理者的需要。

第三，管理者的价值来自下属做了什么，而不是自己做了什么。

所以，一位优秀的中层领导应该拥有卓越的培育下属的能力。你需要一眼识别出身边有潜力的员工，传道解惑，倾力培养，直至他们成为另一个你。你成就了他们，也就等同于成就了自己，这是一件双赢的事情。

培育下属具有重要意义，主要表现在以下两个方面（见表15-1）。

既然培育下属的工作如此重要，为何多数企业仍难以大力实施呢？这其中有观念的问题，也有实际的障碍。中层领导需要摆脱以下六个思想障碍。

表 15–1　培育下属的意义

	个人层面	组织层面
个人角度	员工能感到受重视，不安和自卑感降低，工作时更有勇气和积极性	提升整体员工品质
工作角度	让员工能够正确地执行指示	有效降低错误成本，将事故和灾害扼杀在萌芽之中，进一步改善工作
人事角度	加强凝聚力，员工的流动率和缺勤率大大降低	有效解决人力资源匮乏、不稳定的问题与隐患
团队角度	强化团队意识，知识和技术得以传承，业绩大幅度提升	增进团队合作效能，营造优质企业文化

一、“我很忙，没有时间”

中层领导没有时间培育下属，这是很合理的理由。但这样会造成一种恶性循环：下属越是能力不足，中层领导越是不敢授权，结果造成中层领导凡事只能亲力亲为、非常繁忙，下属则被闲置，工作能力难以得到锻炼、获得提升。

通常而言，培育下属的工作属于重要但不紧急的事，因此往往被中层领导所忽略。根本解决之道是中层领导要切实认知培育下属的重要性，并且依照其重要性，安排相应的时间，排列在组织任务中去执行。

二、“这些事我自己做更快更好”

就企业中的多数任务而言，中层领导的熟悉程度与掌握程度都会超过下属，他们对下属缺乏指导的耐心和放手授权的信任，为了更高效地完成工作任务，宁愿事必躬亲。下属无法得到培养，也缺乏参与感，更无法感受到组织的信赖。

真正懂得高效工作的中层领导都明白授权的重要性，“既能培育出比自己强的下属，让他们承担更多工作量；又能管理好比自己强的下属，并让他们心服口服地配合工作”。中层领导可以先将次要任务或是下属已经可以承担的任务逐步交给下属，完成任务的转移。

三、“教会徒弟，饿死师傅”

“教会徒弟，饿死师傅”，这句古谚有一定道理，在过去，社会信息极少，社会进步缓慢，依靠个人手艺便能生存，甚至一辈子都有了保障。然而到了现代社会，这句话却不再适用，科技进步迅速，社会环境复杂，一个人的单打独斗未必能取得成功。

若是不能尽快把下属培养成材，中层领导可能连自己的饭碗都保不住。因为下属工作能力不足，无法发挥出组织效能，部门绩效堪忧，中层领导的职业道路也会受阻。

四、“下属学不会，朽木不可雕”

这种情况有两种可能：一是下属确实能力有限，不具备可栽培性；二是中层领导的指导技巧不足。遇到第一种情况，中层领导最好能在招聘时予以过滤，或是在组织中运用测评工具提早评估出下属的潜在特质，以便择优培养。遇到第二种情况，则需要中层领导在提升自己的沟通能力上下功夫。

五、“培训好了，人却走了”

有时候，费时费力培养出来的下属，最后却选择跳槽，成了竞争对手的人才，实在令人心里不平衡。尽管人才流动会带来损失是客观事实，但不能因此拒绝用人或是停止培养人才。当然，决意培养人才时必须同时考虑到此人的忠诚度以及公司的人才策略，方能达到预期效果。

六、“培训是培训部的事”

培训部的职责是负责公司整体的培训工作，保证绝大多数员工能与企业相适应、相配合。中层领导的职责是培育好自己的下属，保证他们能更加高效地执行具体工作。未来学家约翰·奈斯比认为：过去的主管是监督者，现在的主管必须是下属潜能的开发者。尤其是那些富有实战性的任务，在工作实施过程中由富有经验的中层领导来对下属进行指导，培训效果会更好。

工作中如何支持和指导下属

为了实现工作目标，对下属的工作进行指示及结果核查，这本身即是对下属进行培育的过程。中层领导应该有意识地安排下属从事能够使他获得成长的工作，在学以致用的过程中，使其工作能力日益精进。

一、培育下属的原则与着眼点

（一）培育下属的原则

（1）在企业中建立良好的学习氛围。

（2）懂得因材施教，考虑到下属的需求、兴趣、个性和能力的差异。

（3）充分利用实践机会指导下属。

（4）培训方式切忌一成不变，适当改换、反复持续有利于强化效果。

（5）对下属的学习成果加以赞赏，支持和鼓励必不可少。

（二）培育下属的着眼点

人才培育有时候无法达到组织所预期的成效，其中一项重要原因便是“学非所用，未与工作结合”。为了避免无谓的投资与浪费，必须实现“训用合一”，这时候中层领导可以向陶匠学经验。制作陶器是一件精细活，培养员工同样如此。想要制作出精美的“陶器”，中层领导应该将视角和精力放在以下几个因素上。

1. 选择优质“陶泥”

具有强烈自我开发意愿的下属是最好的“陶泥”，中层领导可以分析下属的被培育需求，筛选出有自主积极性、拼搏上进心的下属。

2. 绘制设计图纸

设计一套完整的下属培育计划或程序，按部就班地执行，有利于保证收到预期效果。

3. 选用结实的“陶轮”

精心营造组织的启发性环境。

4. 亲自上阵

中层领导在工作中对下属进行手把手指导。

5. 成型工作

训练工作技能、提升个人素质，要两手抓，就像注重陶器的实用性和美观性一样。

6. 掌握火候

在工作分配、工作执行和绩效评价等阶段，选择恰当时机，及时进行指导。

二、培育下属的有效方式

（一）合理安排工作指派

中层领导给下属指派工作具有重要意义，因为经验的积累是学习的主要渠道，做什么样的工作，就会获得什么样的经验，积累什么样的经验，就会取得什么样的结果。因此，工作指派式培育的侧重点就在于，给下属制订适合他的特长和需求的计划，分配能使其获得成长的工作任务。具体方法如图15-1所示。

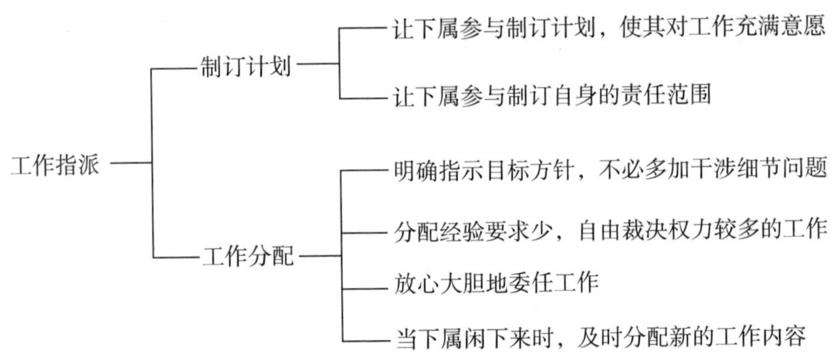

图15-1 合理安排工作指派的方法

（二）支持和指导正在进行的工作

在指派工作给下属之后，有些中层领导习惯于在旁边继续指导，频频给出“你要这样做，你别那样做”的指示或教导，但常常把握不好分寸，出现干涉、干扰的情况。在工作进行中并不是任何时候提供建议都合适，只有选择正确的时机，才能达到事半功倍的效果，否则指导效果会大打折扣，不仅无益于培育下属，还会产生负面影响。

在工作过程中，中层领导应避免干预过度，与其耳提面命地“谆谆教诲”，倒不如把握好这些指导机会：下属要求指示任务时、下属向你报告工作时、给下属下达指示与命令时、召开部门会议时、发生下属难以自行解决的问题时，让下属自己动脑思考，在倾听下属的想法后，再酌情给予适当的建议或指示。

中层领导还应该按照以下方法不着痕迹地指导下属（见图15-2）。

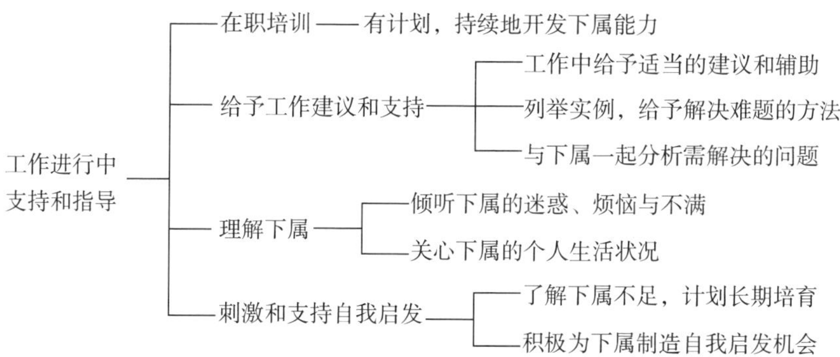

图 15-2　支持和指导的方法

（三）充分利用绩效评价

进行绩效评价时，也是非常适合培育下属的时机，中层领导可以从成果评价和激励方式这两个方面入手，具体方法如图15-3所示。

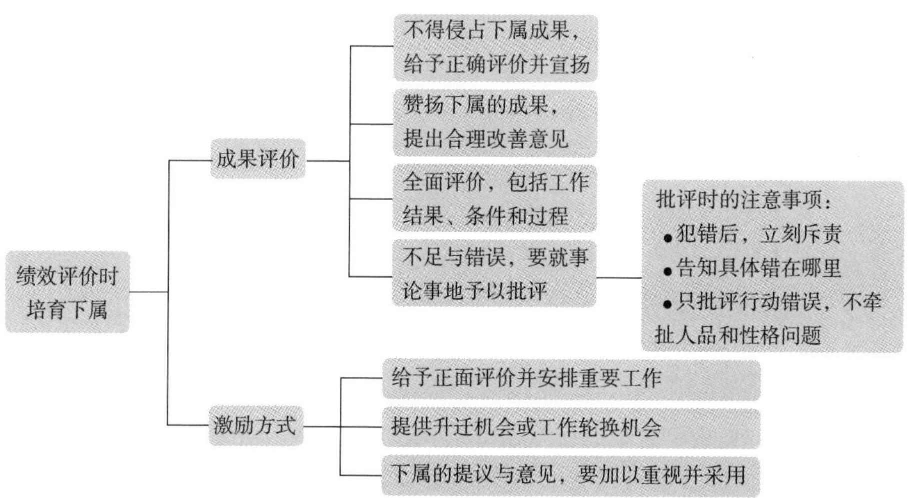

图 15-3　绩效评估时培育下属的方法

对正在培育的下属进行绩效评价时，中层领导要注意多表扬、少批评，表扬要及时、真诚、准确、具体，同时要做好对外宣传，让其获得其他员工的认可。然后，将难度较大、责任较重的工作分配给该下属，让他有更多机会锻炼和提高自己的工作能力。

随时随地的在职培训

在职培训的缩写是OJT（On the Job Training），是中层领导在日常工作中开发下属能力的一种训练方法，它围绕下属的职业规划和工作内容展开，因为具有计划性、目的性、持续性、灵活性和实用性的特点，能够将培训和工作完美结合，是促使员工成才的有效手段，所以被诸多企业普遍应用（见图15-4）。著名的企业管理学教授沃伦・本尼斯表示：员工培训是企业风险最小、收益最大的战略性投资。

培训目标

- 开发员工潜力，规范员工行为，促使员工成为岗位的中坚人才。
- 最终达到组织目标、提升经营绩效。

培训对象

- 中层、基层员工。

培训内容

- 针对其职务上必须具备的知识、技能、态度等。
- 对日常工作进行指导、规范。
- 教育、激励下属员工。

培训方式

- 工作现场的实地演练。

培训时间

- 工作时间。

图15-4　在职培训

一、在职培训的实施步骤

在职培训的实施步骤如图15-5所示。

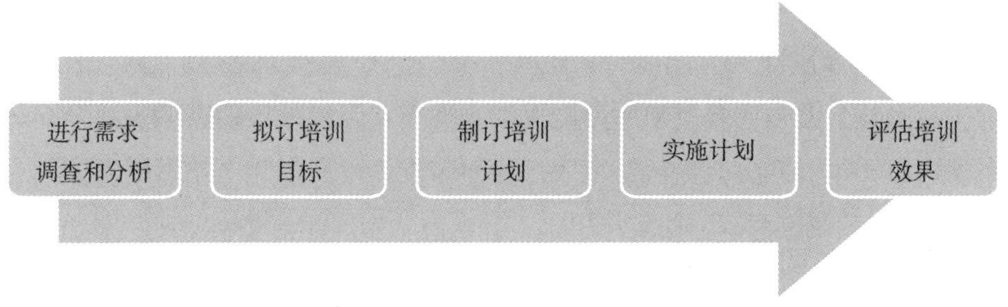

图15-5　在职培训的实施步骤

（一）进行需求调查和分析

中层领导首先要了解下属员工的知识、能力和态度等，这是在职培训的重要依据。获得这些信息的方法有与员工面谈交流、查阅员工档案、查阅员工知识能力测试表、查阅在职培训目标申请表等。

（二）拟订培训目标

依据已经掌握的情况，有针对性地拟订培训目标。目标要切合员工的实际能力和真实需求，这样才能顺利取得预期成果。

（三）制订培训计划

制订培训计划时，要考虑到工作需要与员工情况，将现有的其他计划、可利用资源都放在计划内进行权衡，以此保证培训计划切实可行，适合员工发展的同时适合工作需要。

（四）实施计划

想要保证指导工作得以实施，那么中层领导和被培训员工都应该遵守既定规则，并且有条不紊地执行。

1. 充分沟通是基础

（1）中层领导应该营造出适合学习的轻松氛围。

（2）保持与下属关系的和谐融洽。

（3）向下属介绍培训的大体情况，确保其没有疑问。

（4）激励员工，使其认同学习目标、持有学习热情。

2. 在工作中传授相关技巧和知识

（1）依据下属的理解能力，对不同难度的工作内容采取因材施教的培训策略。

（2）对于下属一时难以掌握的重点、难点，要进行详细说明，并反复宣讲强化。

3. 让下属从事具体工作

（1）下属根据上司传授的技巧在工作中实践。

（2）下属在操作的同时，口述操作过程和注意事项。

（3）下属说明工作的关键之处，并示范操作。

（4）反复操作练习，直到熟能生巧，灵活掌握。

4. 定期检查

正确的做法要予以鼓励，错误的做法要加以纠正。

（五）评估培训效果

1. 下属的自我评价

以培训计划为依据，让下属自行检查受训期间取得的业务成果（哪些已经实现、哪些没有实现），每一项都要做到具体量化或标准化，并分析出没有实现的原因，继而做出大胆而真实的自我评价，总结出自我培养的收获和不足。在此基础上，将填写好的在职培训鉴定表上交负责此事的上层领导。

2. 与下属面谈，共同分析培训效果

以在职培训鉴定表和下属的实际表现为依据，中层领导与其进行个别谈话，围绕受训期间的体会、收获、进步和仍然存在的问题展开交流，据此填写客观公允的培训评语。然后征询下属的意见，提出下一阶段的培训整改意见，供其参考。

3. 填写在职培训评价报告

作为下属个人发展的参考资料，在职培训评价报告具有重要参考价值，有助于根据下属仍然存在的不足开展下一轮在职培训，也可以为其安排其他培训项目。

二、在职培训的方法

（一）协助下属提高其工作能力

（1）有意识地将能促进其自我提高的工作分配给下属。

（2）循序渐进地给下属安排难度递增的工作任务。

（3）以身作则，在工作中给予正确示范。

（4）下属对工作状态、工作难点、工作成果等进行自我评估，中层领导给予评价。

（5）让下属针对某一课题进行研究学习。

（6）让下属针对某个目标专门外出学习。

（7）不要忽视对能力较弱的下属的培养，可以实施短时间的突击培训。

（二）让下属体会到工作赋予的成就感

（1）明确告诉下属工作能力、工作业绩和工作成果之间的直接关系，并且让工作变得轻松愉快。

（2）恰如其分地评估下属取得的良好成果，适当允许下属犯错误。

（3）善用激励手段，将信赖和期望传递给下属，启发其迈向新目标的动力。

（三）发掘下属的成长潜能

（1）借助自我分析、自我评估和自我报告等，全面了解下属的工作意愿和内心需求。

（2）在检查工作时，注意观察下属的优点和特长，看人长处，多鼓励表扬。

（3）想要了解下属的个性和能力，面对面的指导和谈话必不可少，共同讨论人生理想与自我提高计划，多让下属发表自己的意见。

（4）制订振奋人心的培养计划，通过各种激励方法，唤起下属自觉的、主动的自我成长意识。

（5）量体裁衣地为下属安排富有挑战性的工作任务，激发其展现潜能。

（四）提供机会让下属发挥自己的能力

（1）用人所长，安排下属从事能有效发挥其优点、独立性与创造性的工作。

（2）在职务轮换、组织改革上下功夫，给予下属更多的发展空间。

（3）可以授权由下属领导项目小组，并且尽可能地放开决策权限。

※ 案例及分析

日本歌舞伎大师勘弥有一次扮演古代徒步旅行的百姓，他为了淋漓尽致地表现出这个百姓长途旅行时的疲惫不堪，在上场之前故意解开了鞋带。有位记者正好当时在后台采访，看到了这一幕。演出结束后，记者问勘弥："为什么你当时没有提醒学生也这样做呢？他们都没有解开自己的鞋带。"勘弥回答说："教导学生如何才能演好戏，以后还有很多机会，在今天这样的场合，保持住他们的表演热情，要比教会他们演戏的技巧更重要。"

分析

手把手现场指导可以及时纠正员工的错误，是提高员工自身素质和业务水平的有效方式，有助于形成一个积极向上的学习型团队。除现场指导外，培训、交流会、内部刊物发表、业务竞赛等都是很好的培训形式。不过，不管是哪种指导或培训，都应该注重时机和技巧，在关键时刻保护员工的热情也很重要。

※ 内容小结

（1）培育下属具有重要意义，中层领导要树立良好的心态，摆脱"我很忙，没有时间""这些事我自己做更快更好""教会徒弟，饿死师傅""下属学不会，朽木不可雕""培训好了，人却走了""培训是培训部的事"的思想障碍。

（2）培育下属的有效方式是合理安排工作指派，支持和指导正在进行的工作，充分利用绩效评价。

（3）在职培训能够将培训和工作完美结合，实施步骤如下：①进行需求调查和分析；②拟订培训目标；③制订培训计划；④实施计划；⑤评估培训效果。在职培训的方法有：①协助下属提高其工作能力；②让下属体会到工作赋予的成就感；③发掘下属的成长潜能；④提供机会让下属发挥自己的能力。

※ 研讨与实践

销售员小王风尘仆仆地回到公司，销售主管老张把他叫到办公室，询问道："小王，今天的业务进展如何？"小王得意地回答："非常顺利，我向客户介绍了产品的性能，确保他们认识到这是最适合他们的产品，而且也是他们能在同类供应商那里拿到的最低价，所以几乎没怎么费口舌就卖出去了两百台机器，下个星期就可以签合同了。”

老张赞道：“你做得非常棒！”紧接着他话锋一转：“不过，客户的情况你已经完全掌握了吗？他们的信誉度如何？会成为我们的长期客户吗？而且，现在正式合同还没有签订，万一他们反悔怎么办？那样会影响到咱们部门这个月的业绩，也会打击我们的士气，无论把产品卖给谁，都应该完全掌握对方的信息，你确定那是一家靠谱的公司吗？”

小王感觉自己被打击了，脸上的喜色渐渐消失，他说：“我事先已经调查过了，这家公司在网上有很多信息，而且我的大学同学是它的客户，所以也算知根知底，而且我是请示过您才去和公司代表接触的啊。”

老张见状忙说：“没事没事，你别激动，我是关心你，才啰唆了几句，你别介意。”

小王苦笑了一下，心里想：关心我？我怎么感觉是对我特别不放心呢？难道我的业务能力就这么让上司信不过吗？

（1）阅读案例后，请分析一下，这次尴尬的交流是谁导致的？错在哪里？

（2）如果你是老张，在对小王进行工作指导时，你会如何措辞？

第十六章

创新变革者胜，与时俱进者赢

观念、思维方式的革命，远比技术、软件和速度的革命更重要。

——牛根生

不断被颠覆的时代

福特汽车公司的创始人亨利·福特是一个固执己见的人，他对自己亲手设计的T型车十分喜爱，别人想要改动一个螺栓的设计，他都十分抵触。

1912年，T型车正在市面上流行，但汽车设计师威廉姆·努森却觉得这款车型已经到了命运的尽头，很快就会被新车型替代，福特公司应该抓紧设计完全不同的新车型，以适应未来的市场需求。听到这样的言论，亨利·福特的做法是：解雇了这位设计师。

没多久，在密歇根的高地公园车库，福特见到了被改造后、完全颠覆了从前设计的T型车，设计师正是从福特转投通用的威廉姆·努森。亨利·福特勃然大怒，他钟爱不已的T型车竟然被改得面目全非，他接受不了这种“创新”，便把不满情绪都发泄到了这辆车上。

尽管亨利·福特拒绝改变，但此后汽车市场的发展却应验了威廉姆·努森的预测，T型车开始日落西山，福特不得不重新设计研发新款车。

亨利·福特，从一位伟大的发明家、设计师，转变为一位抗拒改变、抵制创新的企业管理者，尽管他依然能够掌控一个企业，却难以带领企业走向与时俱进的新高。

行文至此，笔者不由想起了狄更斯的名著《双城记》中的名言：“这是最好的时代，这是最坏的时代；这是智慧的时代，这是愚蠢的时代；这是信仰的时期，这是怀疑的时期；这是光明的季节，这是黑暗的季节；这是希望之春，这是失望之冬；人们面前有着各样事物，人们面前一无所有。”

对于积极上进、善于学习的人来说，这是一个最好的时代；对于浑浑噩噩、不求进取混日子的懒汉来说，也许这确实是一个最坏的时代。

“革命”一词放在世界范围内来看指的是“颠覆和巨变”。工业革命伴随着人类历史的发展，每次出现新科技，都会改变人们对世界的认知，人类的经济体制和社会结构也会随之发生深刻的变革，生产关系必须适应生产力的发展。前三次工业革命大多是英国和美国首先开始的，第四次工业革命则是德国首倡的。

百年之后的今天，人们身处的是一个不断被颠覆的时代，企业竞争更是暗潮汹涌，面对这个严峻现实，如果满足现状、止步不前，就会丧失创新能力，很快就会被人超越。

工业4.0有一个显著特征就是“超越”甚至是“颠覆”，纵观人类的工业化脚步，从18世纪詹姆斯·瓦特蒸汽机把人类带入第一次工业革命开始，19世纪的电气化带来第二次工业革命，20世纪信息化导致的第三次工业革命，每一次工业革命都是对以前生产方式的革命性颠覆，工业4.0对人类生产方式带来的颠覆将会更加剧烈，创新才能赢得未来。

在工业4.0时代，历次工业革命的规律告诉人们，颠覆和巨变将依旧是主旋律，目前，大量的互联网技术、区块链技术将会应用到生产制造、产业链、供应链过程中，大量智能工厂将会出现，以前的“旧工厂”想要生存必须改造成智能工厂，因为，别无选择。

高度自动化、高度信息化、高度网络化、高度智能化将是工业4.0时代的四大主要特征。这将是未来的制造业新常态，带来的影响是社会生产力大大提高，技术的变革将导致生产体系的自组织能力提升，将会使产业工人和经理人的界线变得日益模糊，将来，每个人都将是生产者，每个人同时是管理者。中层领导只有放开自己的心态，掌握变革管理的方法，为创新创造良好环境，才有可能让企业走上日新月异的发展道路。

中层领导的创新蜕变之路

一、阻碍创新的心理环境

（一）变革不是由我首先发起的

自主权的缺失会令人产生被操纵、被压制、被强加的感受，导致人们惯于抵触来自外界的某个理念或创意，即便它们与其利益相符。

（二）变革会改变现状、打破常规

当人们对机械地重复做同样的事感到习以为常时，就会产生一种安全感，对安全感的不断需求，又驱使人们尽力去维持现状。一旦变革开始，现状和常规统统不复存在，人们不得不在被剥夺安全感的情况下面对未知情况重新思考评估，还需要花费时间精力形成新的行为习惯。

（三）变革引发未知（失败）的恐惧

当变革迫在眉睫时，消极思考的人会将审视重点放在“未知”“失败”“前途未卜”“彻底倾覆”这样的关键词上，由于无法获悉进一步的预期变化，他们感到十分恐惧，所以不肯探寻新的改变。

（四）变革的回报与付出不成比例

在墨守成规与冒险变革之间，每个人首先想到的问题是：这对我有什么影响？只有当自己是变革的受益者时，人们才会提供信任和支持。如果打破现状意味着利益受损，那么大家都会基于个人利益考虑而抵制变革。

（五）领导者的权威性不足

一呼百应，是每个引领变革的领导者所期望的。但是那些缺乏忠实追随者的领导者之所以会感到变革举步维艰，是因为下属们大多依据看待变革推动者的眼光来审视变革，若是对领导者印象不佳，便不会客观看待变革本身。

二、创新的常用方法

1. 组合创新法

将若干已知事物合并成一个性能和服务功能等方面完全不同的新事物，

以产生出新价值。比如瑞士军刀的发明，它并不依赖技术的进步，而是基于发明者对外界新需求的洞察。

2. 分解创新法

将整体事物进行分解，改进完善分解出来的那部分，使之成为一个独立的新产品或新事物。

3. 移植创新法

将使用在A领域的技术或模式，移植到表面看来与之没有关联的B领域，由此创造出新产品或新模式。

4. 开拓创新法

这种创新的产物是不曾出现过的全新的事物，比如牛顿开创的经典物理学、爱因斯坦开创的相对论。

还有挖潜创新法、替代创新法、需求创新法、变异创新法，等等。换句话说，就连创新方法也是一直在被创新着的。

三、中层领导的创新能力

创新型的中层领导为什么更具优势？因为在上司眼中，他的创造性工作可以让管理机制更加流畅，让总裁省心放心；在下属眼中，他的创造性工作能有效解决实际问题，带领团队大踏步前进。

（一）中层领导的创新原则

（1）有的放矢：能够透彻理解公司的需求、上司的意愿。

（2）有理有据：约定俗成的事物都是具有客观性、合理性的，若想加以突破，必须事先调研，拿到分析结果，再做决定。

（3）高效可行：低成本、高价值、操作简单、落实迅速的创新方案才更容易被采纳。

（4）结果说话：是否有突破性的成果是验证创新成功与否的指标之一。

（二）中层领导的创新内容

（1）管理创新：在管理的模式、制度、流程、工具、方法等方面寻求创新，以期提高管理效率、达成管理目标。

（2）经营创新：在经营的策略、模式、方式、手段等方面挖掘创新，以期快速提升业绩。

（3）技术与产品创新：在技术、工艺、材料、产品上积极投入研发力量，以期提高产品附加值与市场竞争力。

（4）服务创新：在服务的项目、模式、方法等方面谋求创新，以期提高客户满意度和收益。

（三）中层领导的创新思维方法

（1）思考摆在面前问题是什么，为什么迟迟难以圆满解决。

（2）再思考自己想要实现什么样的结果，什么样的结果又是自己不想得到的。

（3）反复思考到底是什么阻碍了这个预期结果的实现。

（4）思考并验证最有效的解决方法是什么。

企业如何营造激发创新的软环境

想要孕育适合创新的思维模式，就应该创造期待改变的文化氛围。什么是文化？归根结底，它是一种观念，存在于群体之中、来自以往经验、是大家一致认同的。在面对某种特定刺激时，比如创新来源，群体成员就会出现相同的思维反应、做出相似的行为方式，一场变革就此拉开帷幕。

一、创造期待改变的文化氛围

表16-1中的内容，非常透彻地诠释了在企业文化中缺乏变革观念的后果。

中层领导必须让员工清楚：变革是正常的，是长久的，是需要大家高效执行的。为了达到这个目标，作为中层领导的你应该怎么做呢？

（一）你要成为榜样

创新与变革之所以失败，最主要是因为中层领导没有做好监督和促进工作。激发创新和领导变革的过程中，中层领导必须亲自参与，而不是只听听汇报，要善于用他人的意见来完善丰富自己的想法，让员工发现你是一个可以接受改变的人，用你的行动来展示变革和创新所带来的益处。要记住，你的能力、意志力和推动力十分重要，你的强大领导力就是员工创新能力的保障。企业文化缺乏变革观念，会使员工的反应与中层领导的期待不一致，如表16-1所示。

表 16-1　企业文化缺乏变革观念的后果

	员工的反应	中层领导的期待
共同观念	我们的生活环境非常稳定，我们觉得变革根本没有意义，它只不过是一种干扰而已，甚至让我们觉得讨厌，即便它偶尔发生	我们生活的环境在不断变化，我们需要变革，这至关重要，如同人需要吃饭一样。而且，变革才能带来机遇，如果我们想将竞争对手甩在身后，我们就必须变革，且越早越好
思维方式	哦，不！可以不要吗 真的需要吗？为什么不是其他人 我如何才能逃离变革	我们能从变革中寻找到哪些机会 针对变革，我们应该持那些见解，我应当避开哪些风险
行动	死气沉沉，缺乏激情和能量，照章办事，没有对责任的担当，不愿承担	分享自己的见解并充满激情地快速高效地执行变革

（二）开拓一个全新局面

一个全新的局面可以具象化为一种新元素，这能让员工清楚地感受到变革和创新已经到来、以前的四平八稳和死气沉沉业已一去不复返了。另外，不要忽略你的客户，要联系他们，让他们也感受到改变正在发生。还可以在项目工作会议上试一下“最优方案对比法”，让员工知道，这是一个属于创新者的时代，没有创新就没有竞争力。

（三）让员工担负变革者角色

可以让员工扮演“变革及未来代理人”，督促他们拿出一些有创意的好点子，根据他们的特长，为他们选择不同的领域执行不同的任务，让员工亲自参与进来，可以加速变革进程。

（四）充分利用信息展板

在信息展板上写上富有创意的、有趣的内容，然后放在大家每天都要经过数次的地方，比如走廊或者茶水间。还要号召所有员工一起来维护好这个信息展板。信息展板虽小，但可以引导员工在不知不觉中改变自己对变革的看法，这是一个潜移默化的过程，而且效果非常好。

（五）邀请外部专家来访

在预算范围内，邀请专业的演说家来给大家演讲一些针对“变革”“大趋势”的话题，通过专业的演讲，员工更能很快接收一些信息，比如周围社会环境的变化速度以及变革的常态化等。

二、保护并滋养创新的组织结构

（一）建立适合自身的研发机构

中小企业可以根据自身的实际情况，对技术力量进行强化，可以将科研机构作为技术支撑，联合建立研究开发机构，通过这些手段来设立企业的研究开发中心。大中型企业应建立相对独立的研究开发机构。

（二）吸收拥有新知识的人才

只有拥有新知识的人才才能够开发出未来的新产品，所以，企业还应该注意通过技术开发机构吸收拥有新知识的人才。

（三）促进横向沟通机制

企业应通过组织结构的变革，发挥各个业务部门的自主性，并建立有效促进横向沟通的机制，这样可以达成知识共享，加快创新的步伐。特别是对于那些业务跨越多个行业的企业来说，尤为重要。因为对这些企业来讲，各个业务部门的业务不同，很容易陷入因为组织机构过于庞大而沟通不畅的麻烦里，建立横向沟通机制能够很好地解决这个难题。

（四）提供充足的财务保障

企业的技术和产品创新离不开稳定的资金来源。要保证变革和创新工作的快速发展，每年非常有必要在财务上为技术与产品创新工作提供一定比例的准备金。

打造真正的学习型组织

史蒂夫·乔布斯表示：创造力只不过是连接某些东西的能力。假如你问一个有创造力的人，他们是如何“创造”某个东西的，他们会感到些许委屈，因为他们不是真的在“创造”东西，他们只是看到了某种东西。因为，他们可以将以前见过的不同体验相互联系，然后再加以综合，变成某种新东西。

如何获得更为丰富的不同体验呢？学习型组织就是最好的答案。团队成员的思想不断交流、碰撞的过程，是一个分享信息、知识和思想的过程。当组织中每个成员都能把自己掌握的新信息、新知识、新技术、新思想提供给其他成员，就能充分发挥出集体智慧，一个学习型组织就此形成，它将成为创新变革的优良土壤。

一、创新与学习的关系

善于学习是确定创新方向和创新主体的前提条件。

创新的本质就是要探究出前所未有、与众不同的新理论、新方法或新事物。要想实现创新，就要创新者具备创新思维和创新能力，而这一切有赖于创新者的知识积累。对于一个善于学习的创新者来说，学习能力可以为他提供全面的支持，学习的积累可以帮助创新者实现创造性突破并产生新的有价值的产品。

二、学习型组织的定义和特征

（一）学习型组织的定义

学习型组织，是指一种有机的、高度柔性的、扁平的、符合人性的、能持续发展的组织。这种组织是通过培养整个组织的学习气氛、员工的创造性思维能力得以充分发挥而建立起来的。它具有持续学习的能力，具有高于个人绩效总和的综合绩效。

（二）学习型组织的特征

（1）组织里的柔性规章和弹性制度，可以帮助其实现高度的人性化指导及自主管理。

（2）成员之间拥有共同价值观和共同质量目标，充满和谐与信任，能够充分交流与沟通。

（3）能够更好地实现拥有技术、业务专长员工的优秀组合。

（4）人人都有较强的创新意识与创造性才能。

（5）学习氛围浓厚，工作环境宽松，而且有互动共进的学习热情。

三、打造学习型组织机制

组建学习型组织的根本性和全局性的关键就在于机制的建立，应该在团队构建中注入机制，使之形成长效管理体系。这些机制主要有以下几类。

（一）动力机制

团队成员的学习动力主要来自内部动力、外部动力、外在压力三个方面。具体情况如表16-2所示。

表 16-2　动力机制

内部动力	建立干部选拔与晋升体系 帮助个人确定职业生涯规划 绩效考核与薪酬制度
外部引力	同事、上级、下属施加的鼓励和支持
外在压力	竞争对手压力 企业效益下降

确立学习激励约束制度，把学习成果与员工的绩效考核评价相结合，与员工个人工资、福利待遇相结合。

（二）评估机制

由专家和领导组成评估小组，并设定不同类型团队的学习评估标准，根据这些评估标准，对不同类型团队的学习进行定期的、客观的、统一的、科学的考核和评价。

（三）投入机制

通过制定激励政策，设立组织学习基金、奖励基金，为创建学习型团队提供物质基础。

四、具体的学习方法

（1）组织员工参与内部学习。

（2）建立图书馆或职工大学。

（3）进一步培训表现突出的骨干人员，提高其管理水平和业务能力。

（4）组织中层领导、专业人士以及获得荣誉的员工赴外地学习考察。

（5）鼓励员工到高等院校或专业培训机构进修学习。

（6）针对内部管理、交流沟通、业务开展存在的问题，邀请外来培训师、高等院校专家学者面授或现场演示。

技术创新的管理方法

技术是智慧和经验的结晶，企业保持生命力的源泉之一便是技术创新，任何一次大规模的技术创新都会带来企业竞争格局的变化，世界500强企业，如微软、苹果、谷歌等都是借助各自独特的创新技术优势取得了瞩目成功。因此，中层领导必须重视技术创新，掌握技术创新的管理方法。

一、企业技术开发信息资源管理

信息资源与企业的运营发展紧密相关，处于整个经济循环圈的轴心位置，想要实现技术创新，就必须做好信息资源的系统化管理工作。

企业技术开发信息资源管理模式是“双螺旋模式”，其利用和积累是一个相互缠绕、上升的过程，可以分为筛选、研制、市场试销、正式投产阶段的信息管理。

企业技术开发信息资源管理系统可以分为以下三种级别。

初级:企业基本数据库，可执行数据搜索，为管理者和员工提供所需信息。

中级：企业数据仓库，可执行数据搜索、初步分析，提供简单的问题解决方案。

高级：企业智能数据库，可执行数据搜索、深入分析，提供优化方案及预测结果。

二、企业产品开发研究管理

产品开发，指的是运用国内外科学知识及其成果，将其转变为新产品、新材料、新工艺等一切非常规性质的技术工作。

（一）新产品的开发方式

（1）独立方式，企业自行研发。

（2）契约方式，以外包的形式交给外部研究机构负责研发。

（3）企业研制与技术引进相结合的方式。

（4）直接从其他企业引进成熟技术。

（二）新品开发策略的选择

（1）抢先策略。

（2）紧跟策略。

（3）产品线广度策略。

（4）产品线深度策略。

三、企业技术保护与转移管理

（一）技术保护

1. 专利申请

申请专利保护的实质是：专利申请人将发明向公众进行充分公开，换取一定期限的垄断权，超过规定期限之后，就不再受法律保护，专利技术进入公共领域供各企业免费使用。

2. 工商秘密形式

在技术发明企业内部，通过制定各种严格的保密制度来垄断新技术，属于民间保密形式。

3. 申请商标

作为法律授予的永久性所有标志，商标确保商标注册人享有用以标明商品、服务、许可他人使用并获取报酬的专用权，可以长期维护商标使用者的产品信誉和影响力。

（二）技术转移

技术转移指的是，技术（作为生产要素）可以通过有偿或无偿的方式从一个企业流向其他企业的过程。它包括技术的传递、消化和吸收。

1. 技术转移的分类

（1）按照可转移的技术成果内容分类：产品实物形式的技术（如设备），劳动过程形式的技术（如工艺），信息形式的技术（如配方）。

（2）按照转移技术成果的渠道分类：市场渠道，非市场渠道（非营利性的技术交流和援助）。

（3）按照技术转移的企业对象分类：内部市场转移，外部市场转移。

2. 技术转移的方法

（1）商品贸易，即产品贸易所带来的技术转移。

（2）技术贸易，包括技术转让、技术咨询服务、技术服务与协助、特许专营、成套设备和关键设备的进出口、设备租赁、工程承包与交钥匙工程、补偿贸易等。

（3）直接投资，包括合作经营、合资经营、独资经营等。

（4）战略联盟，即联盟各方实现技术、知识资源的共享，共同享受收益、共同承担风险。

（5）产学研结合，包括合作研究、合作开发、合资生产等形式。

（6）创办新企业，即技术拥有单位或拥有者自己创办企业。

（7）科技合作，科技交流，技术援助，技术情报。

※ 案例及分析

20世纪90年代中期，壳牌石油公司在深海里发现了油田。这对壳牌石油公司来说，是一个新的机遇，但更是一个新的挑战。因为壳牌石油公司过去从未在深海区进行过石油开采，公司没有与深海作业配套的生产、勘探方法和技术。

在新的挑战面前，壳牌石油公司开始了不懈的努力。公司专门成立了由勘探处与开采处组成的深海作业部，每个处又由功能各异的科组成。

深海作业部与公司内部的其他部门属于平行关系。公司在开始运作后发现，作业部与作业部之间，因为其职能不同，交流不畅，效率很低。

在困境面前，壳牌石油公司将深海作业部进行了重组。根据资源处（油气资源所在的地理位置）的不同，公司将深海作业部分成三个处，并为这三个处成立了一个交叉功能科，交叉功能科专职促进各处的交流。三个资源处的组成人员都可以向负责整个项目的项目经理汇报项目进展情况。

深海作业部的三个资源处均由各种学科人员组成，既有采油工程师又有地质学家。在项目的进展过程中，公司还不断地根据需要增加或减少专业技术人员，这种对员工层次和成分所进行的改变，给员工的工作和交流方式带来了变化。而交流的变化让知识得到了共享，让大家更加清楚工作程序的进展程度，而且，创新思维在不同的学科间开始进行传播。

接下来，公司还成立了知识共享社区，而这一举动进一步强化了知识的共享，形成了知识共享体系。

壳牌石油公司一系列的变革和创新，使其在有效地降低成本的同时，也提高了石油开采的准确率与质量。

分析

实践证明，部门间的知识共享体系必须根据企业的发展不断进行调整。壳牌石油公司采取了一系列的变革和创新手段，比如成立交叉功能科，这种方法既简单又实用，促进了部门间的沟通和知识的传递与共享。这种组织结构非常富有实战价值。

※ 内容小结

（1）中层领导的创新原则：①有的放矢；②有理有据；③高效可行；④结果说话。中层领导的创新内容：①管理创新；②经营创新；③技术与产品创新；④服务创新。

（2）创造期待改变的文化氛围：①你要成为榜样；②开拓一个全新局面；③让员工担负变革者角色；④充分利用信息展板；⑤邀请外部专家来访。保护并滋养创新的组织结构：①建立适合自身的研发机构；②吸收拥有新知识的人才；③促进横向沟通机制；④提供充足的财务保障。

（3）学习型组织，是指一种有机的、高度柔性的、扁平的、符合人性的、能持续发展的组织。建立好学习型组织，有利于促进创新的诞生。

（4）企业技术创新管理的重点内容：①企业技术开发信息资源管理；②企业产品开发研究管理；③企业技术保护与转移管理。

※ 研讨与实践

（1）用创新思维，解决工作中的一个困惑。

（2）将员工分为5到7人一组。选择小组中某一位成员所在单位实施过的成功创新实例加以讨论。

（3）你是否参与过企业的技术创新、保护、转移工作？有什么收获？

第十七章

突破自我，未来就有无限可能

人生重要的不是所站的位置，而是所朝的方向。

——李嘉诚

潜在领导者测试

请如实回答以下问题：

（1）你是否确定了具体的职业目标？

（2）你的职业目标是否与自己的能力相符、切实可行？

（3）你是否为实现这一目标制订了相应的职业计划？

（4）你是否会根据职业计划重新安排工作？

（5）你是否了解上级和公司的发展目标？

（6）你是否还有更具难度的职业目标？

（7）你是否做好了随时冒险、遭遇失败的准备（包括心理准备和客观准备）？

（8）你是否有足够的信心去追求成功？

（9）你是否能从其他人的成功和失败中获得经验教训？

（10）你是否在尽职尽责地为公司工作？

（11）你是否在自己的岗位上充分发挥出了才能？

（12）你是否在为了挑战能力极限而努力工作？

（13）你是否在公司中脱颖而出、格外显眼？

（14）你是否在任职期间为公司做出过突出贡献？

（15）你是否拥有良好的社交能力？

（16）你是否能接触到第一手消息（尤其是企业内部消息）？

（17）你是否享有以下声誉：诚实、正直、可靠（至少一个）？

（18）你是否被认定为会对公司发展产生积极或消极影响？

这项测试显示了你在目前工作中的状态以及未来职业发展的一些可能性。

8个以上“否”：目前这项工作可能并不适合你，不会对你的未来带来更为积极的影响，这意味着想要在公司得以晋升几乎没有可能，或是需要等待更多时间。你应该考虑一下更换岗位、部门、公司，或者换个行业。

4 ~ 7个“否”：暂时依然可以维持现状，但是需要考虑一下目前的职务、责任和目标，找到需要做出调整改进的地方，为晋升高层提速。

0 ~ 3个“否”：你是一个天生的领导者，只要不出现意外情况，必然可以扶摇直上，达到理想的人生高度。

在职场中，很多优秀人才都能够顺利做到中层的位置，然而若想继续突破、获得更好的晋升，却没有那么容易了，中层和高层之间好像隔着一道天花板，仅仅凭借努力工作是远远不够的，中层领导要想让自己升得更快、有更好的职业前途，必须拥有突破自我能力。

职业晋升的发展规律

职业规划与任何一项规划一样，都不是可以一次性完成的，属于一项长期战略工作。它会随着人的成长而发生变化，具有阶段性的特点，需要根据实际情况灵活调整。只有了解了职业晋升的发展规律，才能顺势而为地合理规划。

对大多数人而言，职业生涯都会经过以下几个阶段（见图17-1）。

图 17-1　职业生涯的几个阶段

一、第一阶段：融入

18岁到25岁。

这个阶段是职业阶段中的探索阶段，是由幼稚走向成熟的过渡。年轻人刚开始离开学校、走向社会，通过不断尝试各种不同工作，让自己从前学到的知识、积累的能力在实践工作中得到磨炼和提升，会获得一些经验，但是未能取得足够的认识。

在这个阶段，人们很容易因为身处基层、人微言轻而遭遇种种不顺利，常常无法按照自己的意愿选择职业方向，理想和现实的差距会让人变得急躁、抑郁。非常需要及时对自己的心态做出调整，寻找到心理平衡点，把精力放在用心学习和踏实工作上。否则，基础打不好，能力提升的层次和个人发展的上限都会受到负面影响。

二、第二阶段：提升

26岁到35岁。

这个阶段是职业阶段中的发展阶段，“职业性格特点”在此时得以显露。此时，人们不再是职场“菜鸟”，逐渐熟悉了组织文化、组织内情，凭借个人的知识储备和经验积累，在工作岗位上有所作为，也建立了一定的人脉，基本上可以确定以后从事的行业。同时加深了对行业和企业的看法，对职业定位的理解更加明晰，开始追求人生理想（更高的职业地位）的实现，会对职业方向进行合理调整和矫正。

在职业生涯中，这个阶段是能够取得一番成绩的阶段，只要脚踏实地地工作，通常都可以被提拔为中层领导，但是也有一部分人容易怀才不遇、经历重大挫折。所以，既需要在应对工作上的琐碎杂事时克服急躁心态、保持激情和耐心，也需要细心捕捉表现自己能力的机会，用充足的自信和斗志来面对挑战，如此才能拥有更大的发展前景，达到更高的境界。

三、第三阶段：突破

35岁到45岁。

这个阶段是职业阶段中的调整阶段。经历了前两个阶段，人们已经获得了充分磨炼，理论和实践经验都已充足，不过现在要面临的问题也会比以往更为复杂，很容易陷入高不成低不就的瓶颈期，是否能继续脱颖而出，关乎职业生涯的延续与否。有些人会对职业产生厌倦感，开始得过且过；有些人会面临职业生涯的低谷或终结，一蹶不振；有些人会保持住职业的稳定和持续上升，成为真正的精英。

为了实现更高的物质利益和价值追求，人们不仅需要做好本职工作，还需要对经营管理、经济领域等方面加深认识，发挥综合优势，运用创新思维，重组整合所有资源，显示出运筹帷幄的宏观掌控能力，这样才有机会进入公司管理高层。

四、第四阶段：维持

46岁之后。

这个阶段是职业阶段中的维持阶段。在工作领域中拥有一席之地后，人们所关注的内容不再是继续奋斗、晋升，而是保持稳定、为他人提供经验、保持身体健康等。

一部分人会因为年龄和资历（具备高深的理论研究成果和高水准的管理素质）而水到渠成地进入公司高层，但大部分人则仍是坚守原职，想要跳跃式发展或被破格提拔，几乎没有可能。如果人们在自己的岗位上成为不可替代的人物，即便没有成为高层领导，也能够以高级（资深）顾问的角色存在。

中层、高层、决策层的区别

管理学研究表明，专业技能、人际技能、概念技能，是中层领导应该拥有的三种基本技能，如图17-2所示。

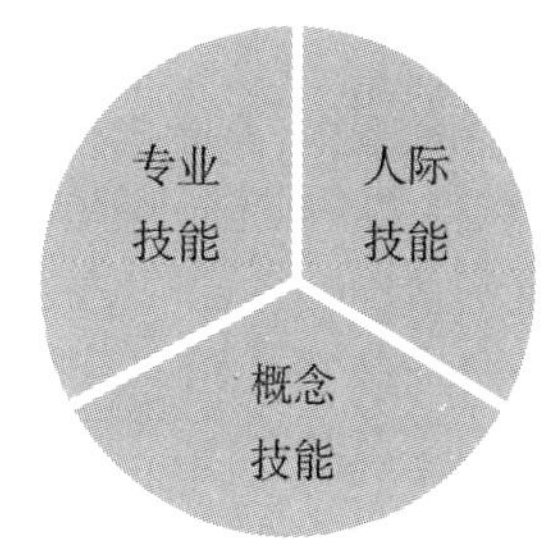

图 17-2　中层领导的三种基本技能

专业技能：在不同专业领域中，管理者拥有的技术型能力，比如掌握生产技术、财务会计、法律法规等专业知识。

人际技能：在与个人、团队、组织的互动中，管理者拥有的指挥领导、协商交流、社交沟通、共事合作的能力。

概念技能：面对复杂情况时，管理者拥有的宏观观察、抽象思考、重点掌握、决策分析的能力。

产业种类和企业规模有所不同，对管理者的技能也会提出不同要求，这些差异同时会体现在组织结构内的层级安排上。基层人员、普通员工需要具备良好的专业技能；在此基础上，有了人际技能（选人、用人、管人的能力）的加持，就可以顺利晋升为中层领导；如果概念技能在日常工作中表现得尤为突出，也曾经在公司危难之际依靠这种技能力挽狂澜，便可以担任战略管理者，进入企业高层，参与企业发展规划；出类拔萃且忠心耿耿的高层领导会成为决策层的一分子，掌握企业的“生杀大权”。

下面就来看看中层、高层、决策层领导的区别。

一、中层领导——把确定的事分解下去的人

通常以部门为单位，中层领导会将上级制订好的各项目标进行分解、细化，将其转化为下属员工每天要完成的工作任务、每个人的职责范围、每个月的绩效目标，并予以监督执行。在一个相对成熟的企业组织中，只要按部就班地履行职责，就可以顺利完成既定目标，这种情况下，中层领导无须面对更多不确定的挑战和风险，职业生涯四平八稳。

由此可见，中层领导的管理能力侧重于人际技能，具体如下。

（1）与上司、同事、下属进行沟通时，需要因人而异地采取不同措施，并且需要做好从上至下的传达工作、从下至上的汇报工作以及各个层级之间的协调工作。

（2）需要掌握一定的心理策略，拥有察言观色的能力，能够了解上司、同事、下属的真实想法。

（3）对表达艺术有着较高要求，关键时刻要能说、会说、敢说。

（4）发生团队纠纷时，需要拥有冷静处理冲突、大事化小的能力。

二、高层领导——把不能确定的事确定下来的人

高层领导负责厘清公司的发展方向和战略规划，将其具象为实实在在的

公司目标，以预算、计划等形式加以体现，并且需要承担相应的决策风险。简言之，高层领导决定一个项目应该如何开展、由谁负责、达到什么程度算是成功等。

由此可见，高层领导的管理能力侧重于概念技能，具体如下。

（1）需要从企业整体的角度思考问题，不再是单单关注一个部门、一个团队的运作和执行。

（2）需要加深对部门之间合作程度的关注，用关联思维去看待各个零散部门。

（3）立足企业，眼观行业，拓展、深化企业与外界的联系。

公司需要高层领导贡献出的是能指明方向、规划未来的智慧，并非单单是力气，所以他们很少参与到具体工作中，思考才是他们最重要的工作内容。启迪思想的方法有很多种，比如深入基层调研、外派名企考察、会议中的头脑风暴、闭门潜心钻研等。正确的结论、科学的决策、伟大的变革，都来源于此。

对总监来说，在决策层确定了战略方针后，他们需要负责提供实现目标的可行方法，并且跟踪监督具体的执行工作。

对副总裁而言，他们往往是某个领域的专家，具备市场宏观把控能力，同时对企业的具体情况足够了解，他们深知企业拥有什么、缺乏什么、需要什么，所以能够为企业的总裁或者CEO提供正确决策的支撑依据，促成企业整体战略的实现。

通常，处于中层的人力资源部门经理的职能是关注所属部门的行政和服务。但对人力资源副总裁来说，他们需要做好以下工作（见图17-3）。

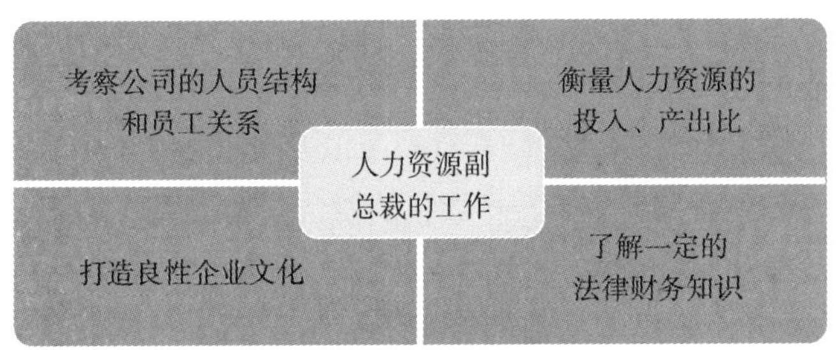

图 17-3　人力资源副总裁的工作

三、决策层领导——把方向确定下来的人

一般来说，人们往往会混淆高层和决策层的区别，其实它们是两个概念。决策层都是高层，但未必所有的高层都是决策层，只有部分高层领导和最高领导才能达到决策层的高度。

决策层领导的职能更为抽象，他们负责公司的发展方向、战略方针，但绝对不是开开会、讲讲话那么轻松简单。他们所做的决策是最为复杂的，所以要承担的风险也是最大的，一旦决策失败或是企业发生严重危机，被推上风口浪尖要承担法律责任的就是这些决策层领导。

走向高层的挑战与机遇

在理想状态下，职业发展应该是循序渐进的。在一个体系较为完备的大型企业中，员工的发展历程如图17-4所示。

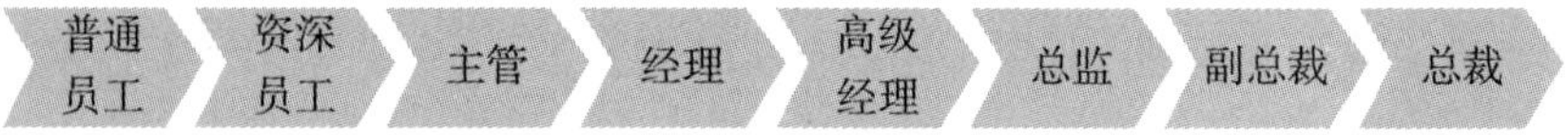

普通员工 → 资深员工 → 主管 → 经理 → 高级经理 → 总监 → 副总裁 → 总裁

图17-4　员工的发展历程

不过在现实中，越往高处走，同级别的人会越来越少，但是相应的竞争压力却越来越大。最具有难度的两个升职过程，莫过于高级经理升总监、总监升副总裁。

职场中的常见情况是：某个优秀员工因为表现突出而顺利升职，在中层领导的位置上如鱼得水，当人们都觉得他前途无量之时，他的职业生涯却停滞于此，陷入晋升瓶颈期。有些人看到向上无路、却又不敢轻易另辟蹊径；有些人则敢于冒险跳槽，找到一个崭新的舞台，这往往意味着一切需要重新开始，再次从基层走向中层，但在升任高层的路上可能仍然存在阻碍。

管理大师德鲁克表示：关键性的晋升并不是一个员工的首次晋升，也不是提拔到最高职位的最后一次晋升，而是被提升到未来高级管理层的候选人

中的那次。

职场的升迁之路充满了机遇和挑战，更遍布着险阻和困难，过于理想主义只会让人们输得很惨，与其自怨自艾，不如从自身寻找失败原因、逐一化解。

一、阻碍升职的想法和行为

从中层走向高层的关键因素，有时候未必在于是否具备更高层次的沟通技巧、专业能力、战略眼光，也不在于知识经验和人际关系那么简单，是否对管理角色的区别有根本认识、是否持有与高管职位相符的价值观，才是关键所在。

下面这些错误的想法和行为，需要人们有则改之，无则加勉。

（一）不务实的表演型人格

领导是一种管理艺术，而不是一种表演艺术。现在很多中层领导都惯于做“表面文章”“形象工程”和“面子工程”，夸夸其谈，人浮于事，将功夫放在表达和表现上，而没有用在踏实做事上。在他们的认识中，无论是在组织内部还是外部，高层领导所做的事情也不过就是这样高高在上、颐指气使地“夸夸其谈”，所以只要扮演好高层领导的样子，就有机会被提拔为高层领导。实际上，这是相当错误的。

从中层到高层，职权越大，责任越大，越要对自己的一言一行负责。只有务实肯干，才能保证自己的言行举止、决策指示都切合实际。身居高位不等于脱离基层，高层领导仍然需要深入员工中间，了解情况，听取意见，有的放矢地为下属部门提供资源、支持、决策，共同解决问题。

（二）眼界狭小，缺乏全局观

什么是思考的边界？譬如一位销售部经理，他在想问题办事情时，考虑的是销售部的利弊、企业营销系统的得失，还是整个公司的发展前途，甚至是整个行业的未来走向，这便是涉及思考的深度和广度的问题。

有些中层领导升职遇到阻碍，是因为在高层领导的眼中，他们是眼界狭小的短视之徒，所以根本不会提拔他们作为自己的接班人。当一个中层领导所关心的事情只是自己一定要赢过别人，终日盯着眼前一亩三分地的事务，处心积虑地利用别人、消灭对手，有时候为了业绩和利益不惜一切代价，甚至凌驾于组织规则之上，那么把整个企业的命运交到这种人手中无疑是断送组织前途的错误选择。

高层领导必须要有全局、整体观念，要拓展思考维度、增加思考参数。他们面对的将是公司利益，而非某个人、某个团队、某个部门的利益，协调好管辖范围内的所有部门，让大家都有饭吃、有肉吃，这才是大将之风。简言之，想要从中层突破到高层，就要改变视角，学会“站在国家看行业，站在行业看企业”。

（三）关键时刻掉链子

在企业发展过程中，难免会遇到新问题、新挑战，当企业因此处于严重危机时，选择推卸责任、退缩逃避、跳槽脱身的中层领导大有人在，这些人不具备高管应有的应变能力、抗压能力和抗风险能力。

什么样的人能担任关键领导岗位？必然是在企业陷入水深火热之际能够挺身而出、率先垂范、扭转乾坤的人，为了带领大家共渡难关，他还敢于牺牲自身利益，关键时候绝对不会“掉链子”。

二、如何把握住升迁的机会

“愚蠢者丧失机会，弱者等待机会，智者把握机会，强者创造机会。”想要先于竞争者获得升职机会，靠的不应该是权谋和手腕，而应该是眼观六路耳听八方的敏锐观察、胆大心细的及时行动。

想把握住升迁机会，以下几个方面必须要做到。

（一）了解企业的组织结构

获取企业的组织机构图表，充分了解部门和职位的设置。同时，要掌握企业的晋升规则，看看企业对提升内部人员是否设定了限制。如此才能知晓自己最高可以走到哪里。

（二）关注高层的空缺职位

就算是CEO，也有被替换掉的时候，在一家企业里，从基层到中层，从中层到高层，甚至决策层，人员流动是正常的、必要的，只是没有确定的时间表而已。大多数企业高管都来自企业内部，他们的优势在于熟悉本企业的组织情况、运作规律，一旦被提拔，也会让其他人看到升职希望，鼓舞他们更加努力工作。因此，只要企业内部不缺乏能够替补胜任的中层领导，通常不会外聘高管。那样做，会花费更多投入，也具有风险性。

人员的调整往往与企业的调整紧密相连，战略与业务的调整都会带动相应的人员流动，只有上司升职了，部门架构的平衡关系才会被打破，下属的升职空间才能变大。所以致力于升职的中层领导需要密切关注高层的空缺职位有哪些、空缺原因是什么、升到目标职位需要多长时间。

（三）找到合适的指导

在通往高层的路上，如果没有值得信赖的人认可你的能力和成绩、向老板举荐你，你前进的速度会慢很多。找到能够帮助自己的指导人至关重要，选择标准如下。

（1）是企业的元老级人物，或者在企业中拥有较高的地位、权力和威望。

（2）有长期任职的计划。

（3）与你“志同道合”，价值观相符。

（4）能胜任“老师”的角色来引领你。

（四）展示你的活力

若是上司每次看到你的时候，你展示出的精神面貌是萎靡不振、疲惫不堪，他就会认为你的能力已经在现有岗位上发挥到了最大极限，如果再给你增加工作量和工作职责，你就难以胜任，在出现晋升机会时，他也就自然不会把你列入候选人名单了。

因此，要尽量在上司面前展示出自己的充沛活力，传递出一种“我还有更多精力和能力去做更重要的事情”的信号。

（五）体现你的才能

升迁机会是可遇不可求的，只有比别人做得更出色，才能让自己鹤立鸡群，被老板慧眼识珠。你可以从以下几方面来展现自己的才能。

（1）寻找机会展示出你在本职工作外的其他管理才能。

（2）主动和上司讨论你的工作目标、职业发展计划。

（3）让上司明确你期望晋升的原因——为企业贡献出自己的全部力量，绝非贪图个人名利。

从管理者向领导者转变

管理和领导是企业的关键因素，二者相互联系、相互渗透，然而它们是不同的两个概念，在具体操作过程中，各自有其相对独立的社会功能和活动方式。被称为领导的人未必能成为合格的领导者，他的能力有时候仅仅能与管理者的身份相匹配。

一、管理者与领导者的区别

（一）管理者以“事”为中心

管理活动具有特定的组织秩序和运作规律，因此管理者具有以下特征：

（1）是被组织任命的。

（2）施加给下属的影响力来自实际权力。

（3）关注当前利益、短期目标，具有战术性。

（4）具有稳定性，注重专业与细节，比如负责管理具体的日程安排。

（5）强调职能管理，要求下属按照规定服从。

（6）侧重于对具体事件和项目采取预见、抑制、控制等措施，以此规避风险。

（二）领导者以“人”为中心

领导者的工作内容需要在管理的基础上增加“领”和“导”的内容，特征如下：

（1）可以被组织任命，也可以自行产生。

（2）施加给下属的影响力一般并非实际权力。

（3）具有战略性，在愿景、战略、价值、企业文化等领域，纵观全局，高瞻远瞩，指引企业组织发展和经营方向，制定发展策略，也就是“领”。

（4）关注、激励和鼓舞下属和团队，与其一起朝着目标前进、奔向成功，注重培养接班人，也就是“导”。

（5）具有超前性，追求探索、革新，思维无拘无束，富有创造力，思考新办法，开发新资源，走在队伍前面，是运动和变革的缔造者。

（6）透过现象看本质，摆脱细节束缚，思考问题根源，尤其是对时间、空间、情绪、氛围等无形的、抽象的东西有特殊的感知力。

二、少点管理，多点领导

在企业管理中，领导过分而管理不足是中层领导的大忌，管理过分而领导不足则是高层领导的大忌，同样会给企业发展带来危害。想要胜任高层领导的职位，就应该循序渐进地做到少点管理，多点领导。

（一）提升人格魅力

人格：涵盖人的性格、学识、能力、道德、思想、情感、气质、素质等，属于内在结构和行为表现的有机融合。

魅力：一种吸引人、影响人的精神力量。

那些具有人格魅力的中层领导往往可以做到高管的位置，他们可以吸引员工、获取员工信任，使他们心甘情愿、不遗余力为实现企业或部门的目标而奋斗。想要提升自身的人格魅力，需要从多方面入手，更要求中层领导严格自律，成为员工的表率，具体如下。

（1）勤于学习，培养才气，依靠自己的知识和经验赢得重视与信服。

（2）培养大格局，凭借正直的思想、积极的理想来影响下属。

（3）淡泊名利，培养正气，在事业中体现出舍己为人、不计得失的献身精神。

（4）敢于负责，培养浩气，关键时刻临危不惧，铁肩担道义。

（二）注重决策能力

决策艺术就是“做正确的事”，一方面要深入实际、集思广益，另一方面要周密策划、精心组织、果断决策，是领导艺术的重中之重。决策旨在帮助各阶层主管“正确地做事”，是行使权力的主要表现形式。

做出决策的过程是一个比较、选择的过程，需要运用各种方法，比如经验判断法、典型试验法、程序决策法、决策树方法、随机决策法和危机决策法等。

而且与管理者不同的是，身为领导者需要重点培养处理突发事件时紧急决策的能力。突发事件的发生，考验着领导者能否做到临危不惧、处变不惊，展现大将风范；能否机动灵活地全面控制住局势；能否快刀斩乱麻地及时止损。

制定紧急决策的时候，治标还是治本、看眼前利益还是长远利益、思想教育还是强制惩处，都是需要综合考量、深入思考的。

工业4.0核心是智能制造和智能工厂，智能制造提高劳动生产率，智能制造是制造强国的必然选择，智能制造解决环保难题，实现可持续发展，智能制造可以满足人们高品质需求，智能制造生产受市场尊重的产品。

当前，国家正在推进高质量发展，建设“一带一路”，正是装备制造业大有可为之机，要继续练好“内功”，继续改革创新，永远掌握主动权。

※ 案例及分析

阿里巴巴前CPO（首席产品官）、支付宝CEO、蚂蚁金服创始人彭蕾，或许是国内商界中知名的“花木兰”之一。

她来自重庆万州，毕业后在浙江当地从事教师工作，并在那里奉献了自己的5年青春。1999年的时候她加入阿里巴巴，并由此开启了奋斗生涯。支付宝、小微金融、蚂蚁金服……随着阿里巴巴开疆拓土，彭蕾也不断创造着一个接着一个的传奇。而这一个个成绩背后，除了她在方方面面恪尽职守，还有她更高的自我要求。

她曾在一些场合聊起自己提出的方法论，除了“三力说”“新三力说”之外，最重要的就是“非凡人以平常心做非凡事”。“非凡人”，指的是聪明、乐观、皮实、自省；“平常心”，指的是保持平凡人的心态；“非凡事”，指的是创造客户价值，做有价值、有意义的事。

就这样，从小公司行政兼前台的小妹，到支付宝的CEO，再到马云身边的左膀右臂，彭蕾终于成为国内商界的传奇“花木兰”。

分析

彭蕾的晋升道路看起来一帆风顺，实际上这与她多年来的个人努力、积极进取密切相关，绝不是一蹴而就的。对于女性而言，从中层走向高层，本来就是难度较高的事情，但是她做到了。除了不懈努力之外，还有什么晋升秘诀呢？

通过考察世界500强公司中的24位女性领导者的职业道路，研究者发现有超过20%的女性CEO现在掌管的公司就是毕业后工作的公司。这意味着，无论学历背景如何，只要能做到稳定而专注工作，全心全意为公司服务，就可以一步步迈向高管层。

※ 内容小结

（1）职业生涯的几个阶段。第一阶段：融入。第二阶段：提升。第三阶段：突破（本章重点）。第四阶段：维持。

（2）中层、高层、决策层领导的区别在于：中层是把确定的事分解下去的人；高层是把不能确定的事确定下来的人；决策层领导是把方向确定下来的人。

（3）中层管理走向高层管理的关键因素是正确的价值观和更为广阔的格局。只有真诚务实、高瞻远瞩、勇于扛责的人才能肩负起高管的重任。

（4）把握住升迁的机会的方法有：了解企业的组织结构；关注高层的空缺职位；找到合适的指导；展示你的活力；体现你的才能。

（5）管理者与领导者是不同的，管理者以“事”为中心，领导者以“人”为中心，少点管理，多点领导才能胜任高层的职位，可以从人格魅力和决策能力上提升自己。

※ 研讨与实践

（1）总结一下自己的工作履历，将所任职位、职称做出记录，分析一下自己为什么会在某个公司的某个职位上工作较长时间而无法晋升。

（2）结合自身、企业、行业的现状，设计出一份可行性强的职业规划，包括长期目标和短期目标。

（3）与直属上司进行一次关于职业规划（晋升意愿）的深度对话。

参考文献

[1] 夏妍娜，赵胜. 工业4.0：正在发生的未来[M]. 北京：机械工业出版社，2015.

[2] 吴玉红，陈中正. 做最好的中层大全集[M]. 北京：地震出版社，2013.

[3] 北京职工教育协会. 企业中层领导管理能力训练教程[M]. 北京：知识出版社，2006.

[4]徐盛华,林业霖.现代企业管理学[M]. 3版. 北京:清华大学出版社,2016.

[5] 胡建宏. 现代企业管理[M]. 2版. 北京：清华大学出版社，2017.

[6] 国务院发展研究中心课题组. 借鉴德国工业4.0推动中国制造业转型升级[M]. 北京：机械工业出版社，2018.

[7] 舒天戈，邱卫东. 危机管理：积极应对企业经营中的困境[M]. 成都：四川大学出版社，2016.

[8] 彼得·库克. 引领创新、创造力和企业发展[M]. 陈劲，戴瑞克，译. 北京：电子工业出版社，2018.

[9] 于一鲁. 情商高，就是把情绪控制好[M]. 贵阳：贵州人民出版社，2017.

[10] 黄梓博. 做中层：老板用你、下属服你的高效工作法[M]. 北京：中国经济出版社，2018.

[11] 方永飞. 新中层[M]. 北京：中国社会科学出版社，2007.

[12] 杜启龙. 市场经理日常工作细节[M]. 北京：中国经济出版社，2017.

[13] 李泽尧. 执行力[M]. 广州：广东经济出版社，2008.

[14] 刘丽. 水与容器[J]. 小学阅读指南（高年级版），2014，(6).

[15]马玉山.对个人来说　确保与团队目标一致[J].中国民兵,2011,(1).

[16] 吴岩. 会当凌绝顶　成功领导典范[M]. [出版地不详]：人民中国出版社，1998.

[17] 李大鹏. 管理决定未来[M]. 北京：企业管理出版社，2015.

[18] 埃尔伯特·哈伯德. 致加西亚的信 [M]. 钱平军，编译. 北京：中国财富出版社，2018.

[19] 佚名. 做“把信送给加西亚”的罗文 [N]. 四川工人日报，2004-12-29.

[20] 孟凡莹.“龟兔赛跑”新编 [J]. 党员干部之友，2004(5).

[21]sunny. 答案 [EB/OL].(2018-08-03).https://www.meipian.cn/1hyvaae8.

[22] 周玉斌，成杰. 卓越员工的12项修炼 [M]. 北京：中华工商联合出版社，2011.

[23] 钢桶包装网. 培养下属的危机意识，是管理者的重要任务之一，有危机才有竞争力 [EB/OL].(2018-06-19).http://m.sohu.com/a/236483515_99938382.

[24] 黄安心，李文斐. 通用管理能力开发 [M]. 北京：中国人民大学出版社，2015.

后记

笔者从事企业中层领导干部培训二十余年，致力于为企业中层领导培训提供技术服务。近年来接触工业4.0理论之后，对工业4.0背景下的中层领导如何成为企业中坚力量进行了思考和研究，并付诸一系列行动。笔者平时有意识地把一些研究心得和工作成果整理成文字，两年下来，积少成多，最后汇集成本书。

本书终于要和读者见面了。在此，笔者要感谢金隅集团，感谢金隅党校，感谢所有对本书的策划、修改提供意见和建议的朋友们，感谢编辑及审校人员，同时也感谢出版社各位同人给予的大力支持与帮助。

本书参考与借鉴的内容已经在参考文献中列出，难免有所遗漏，笔者在此对所有这些文献的相关作者表示衷心感谢！

本书出版后，期盼读者能够对此展开热烈的讨论，其间获得的实践经验、工作认知以及企业中坚力量的社会技术分析，将用于丰富、更新本书议题。在此，笔者希望本书的读者可以获得知识及启发，欢迎各位给予意见和建议，为本书议题的继续讨论贡献力量。

由于成书时间紧张，把握难度较大，加之水平有限，难免有疏漏甚至错误，敬请读者批评指正。

应　超

2019年7月